IAC
PRIMEIRA
ESCOLA DE
DESIGN
DO BRASIL

Blucher

IAC
PRIMEIRA
ESCOLA DE
DESIGN
DO BRASIL
ETHEL LEON

IAC Primeira Escola de Design do Brasil
© 2014 Ethel Leon
Editora Edgard Blücher Ltda.
Diagramação: Vista Design
Capa: Mônica Watanabe e Maysa Tiyomi Togashi
Imagem de Capa: Instituto Moreira Salles – IMS. Fotografia: Peter Scheier

Blucher

Rua Pedroso Alvarenga, 1245, 4º andar
04531.012 | São Paulo | SP | Brasil
Tel.: 55 11 3078.5366
contato@blucher.com.br
www.blucher.com.br

Segundo o Novo Acordo Ortográfico, conforme
5ª ed. do *Vocabulário Ortográfico da Língua
Portuguesa*, Academia Brasileira de Letras,
março de 2009.

É proibida a reprodução total ou parcial por
quaisquer meios, sem autorização escrita
da Editora

Todos os direitos reservados pela Editora
Edgard Blücher Ltda.

Ficha Catalográfica

Leon, Ethel
    IAC – Primeira escola de design do Brasil /
Ethel Leon. - São Paulo: Blucher, 2014.

ISBN 978-85-212-0622-4

    1. Instituto de Arte Contemporânea (São
Paulo) 2. Escolas de Design – Brasil – História
3. Arte – Estudo e ensino – Brasil – História
I. Título

13-0944   CDD 707.081

Índices para catálogo sistemático:
1. Arte - Estudo e ensino - Brasil - História

Cette absence d'histoire m'a longtemps rassuré: sa sécheresse objective, son évidence apparente, son innocence, me protégeaint, mais de quoi me protégeaint-elles, sinon précisement de mon histoire, de mon histoire vécue, de mon histoire réelle, de mon histoire à moi qui, on peut le supposer, n'était ni sèche, ni objective, ni apparament évidente, ni évidemment innocente?"

Georges Perec

Este livro deve a muitas, mas, especialmente, a algumas pessoas:

Meu orientador do mestrado, Julio Roberto Katinsky, cujos textos estão entre as melhores obras de desenho industrial, história da técnica e da arquitetura já produzidas no Brasil.

A orientadora de meu doutorado, Maria Cecília França Lourenço, que participou vivamente do meu mestrado como professora das várias disciplinas que tive a sorte de cursar.

Muitos dos entrevistados vitais para recuperar elementos perdidos dessa história já não se encontram entre nós: Charles Bosworth; Luiz Hossaka; Pietro Maria Bardi, Ludovico Martino e a queridíssima Emilie Chamie foram decisivos para a reconstrução dessa narrativa.

Outros deles, Estella Aronis, Irene Ivanovsky Ruchti, Julio Roberto Katinsky e Flávio Motta, tiveram boa dose de paciência comigo. Alexandre Wollner respondeu a incontáveis perguntas, demonstrando, muito mais que respeito protocolar, acurada curiosidade pelo trabalho.

Ana Maria Belluzzo, cujo prefácio lança novas luzes sobre o tema.

A equipe da biblioteca do Masp, coordenada por Ivani Ribeiro, foi fundamental para a pesquisa.

Meus amigos Gilberto Paim e Marcello Montore leram e contribuíram muito com críticas precisas e conselhos.

Paloma Maroni foi editora paciente e prestativa, transmutando-se em fotógrafa e conselheira ao longo do processo de edição.

A todos, meu muito obrigada.

Para Frederico e Natália, por existirem.

PREFÁCIO

Ana Maria de Moraes Belluzzo

Este livro de Ethel Leon traz significativa contribuição sobre o moderno desenho industrial, nos limites da experiência histórica brasileira.

Uma de suas qualidades é enfrentar obstáculos, conhecidos pela maioria dos leitores, e enveredar em um campo interdisciplinar formado de relações heterogêneas, para o qual confluem arte, ciência, política e economia, sem que se orientem para a formação de um conjunto orgânico.

Por meio de cuidadosa investigação, a autora dá corpo a um empreendimento paulista, ensaiado na esperança dos anos 1950. Deseja tornar inteligível seu teor, e ordenar o campo de forças que se entrecruzam neste capítulo de inegável interesse para compreensão das difíceis relações entre arte e indústria, no Brasil recém egresso de um destino colonial agrário.

No cerne do estudo de Ethel Leon encontram-se, em especial, dois projetos desenhados pela antevisão de Pietro Maria Bardi e Lina Bo Bardi, para serem desenvolvidos no âmbito do Museu de Arte de São Paulo, recentemente inaugurado na época, onde teriam breve existência.

Ao chegar ao novo país, os intelectuais de origem italiana entravam em sintonia com a abertura de oportunidades do pós-guerra, quando o Brasil já estava dotado da Constituição de 1946 e livre do Estado Novo, e surgia espaço para o pensamento liberal promover a construção de uma infraestrutura nacional.

Além do Museu de Arte de São Paulo, fundado por Bardi em 1947, o âmbito artístico se alargava com a criação do Museu de Arte Moderna, em 1949, e da Bienal Internacional de São Paulo que, desde 1951, tornaria possível o acesso direto às obras de arte modernas e contemporâneas, atraindo crescente número de interessados nas elites.

Tinha início nova etapa de institucionalização das artes na vida da capital paulista, que se beneficiava do novo ciclo de trocas internacionais, e requeria tempo para atuar em consonância com o novo horizonte e manejar novos sentidos.

Estávamos diante de ousado arranque na cultura de um país heterogêneo, no momento de implantação do capitalismo avançado, que podia "passar" no entendimento da época por um modo de superar o estágio de desenvolvimento. Setores tradicionais, tidos como atrasados, distanciavam-se dos setores produtivos modernos, dinâmicos, impregnados de ideologia progressista. Outras contradições latentes manifestavam-se por conta da divisão entre cultura nacional e internacional, pela crescente consciência do descompasso entre a dependência e a autonomia cultural.

O modo de implantação das experiências modernizadoras caracterizava o novo ciclo, em que os projetos gerados pela sociedade (e não pelo Estado) tinham propósito de intervir na história da cultura. Portanto, de acordo com essa dimensão projetual – em que o ideal antecede a realização – e o risco da iniciativa, era preciso intuir o interesse que viria despertar e a possibilidade de aliança com segmentos sociais. Tiveram força suficiente para motivar a aproximação entre a burguesia nacional e os grupos intelectuais de ideologia progressista.

O Museu de Arte de São Paulo nasceu de ambicioso propósito de Pietro Bardi de dotar o Brasil de uma coleção de arte ocidental feita por artistas nacionais e estrangeiros de diferentes períodos. O programa da pinacoteca, articulada pela moderna visão expositiva da arquiteta Lina Bo, foi cercado do indispensável apoio pedagógico, para garantir efetiva difusão da arte. Formado com o desejo de ser um museu absolutamente novo, e com a intenção de se integrar à realidade paulistana, reservava atenção especial para o ensino e a divulgação da história da arte.

A realização do projeto contava com alianças, estando ancorada por Assis Chateaubriand, dono da cadeia dos Diários, Emissoras e Televisões Associadas. Nascia portanto inscrito num quadro da comunicação em rede nacional, como indicam até mesmo a abertura dos programas experimentais de história da arte preparados pelo Professor Flavio Motta sobre Ingres e Paganini, exibidos na TV Tupi.

Ethel Leon oferece uma imagem paradigmática do encontro da arte com a máquina, quando aponta a surpresa causada por uma façanha do Professor Bardi que colocou uma máquina Olivetti na vitrine do Museu de Arte. Nesse enquadramento, o desenho industrial podia ser visto sob novo ângulo de leitura, na esteira da experiência artística. O novo tempo era inaugurado com o impacto das obras de Max Bill sobre os artistas brasileiros. E por tudo que a nova geração de artistas construtivos teria aprendido diante de artistas como Alexandre Calder que, familiarizado com instrumentos da indústria moderna, recorria ao trabalho artesanal.

Sob batuta do casal Bardi, a revista *Habitat* foi outra frente ativa do discurso moderno. Teve notável desempenho e soube consolidar o ponto de vista de especialistas sobre a renovação das artes, da arquitetura e da vida urbana. Atuou como veículo de modernização sobre a educação do gosto, focalizando costumes e hábitos compatíveis com novas formas de morar. Apontou a presença do desenho de entorno na vida cotidiana e alimentou novas gerações com farto repertório de soluções, evidenciando que a almejada transformação dos objetos de uso doméstico já era necessária, de acordo com o nível de amadurecimento a que haviam chegado os arquitetos brasileiros.

O conjunto de iniciativas que intervém na formação artística dos habitantes de uma cidade como São Paulo, desde o início da década de 1950, era condizente com a expectativa de implantação de um núcleo educacional, voltado para a formação artística no mundo moderno e contemporâneo, destinado a fomentar novas atitudes, formar professores de desenho e desenhistas industriais: a criação de um *Instituto de Arte Contemporânea* e a criação da *Primeira Escola de Design no Brasil* - questões que ocupam o centro de atenção da autora.

O texto de Ethel tem o propósito de descortinar as experiências pedagógicas ensaiadas no Museu de Arte de São Paulo, por curto período e circunstâncias de sua difícil viabilização institucional. Examina o teor dos programas identificados com o interesse de artistas, de arquitetos modernos e da nova geração de profissionais do desenho industrial que se aplicou, notadamente, no campo das artes gráficas. Revela como vários deles prosseguiram explorando uma linguagem visual compatível com os meios de produção industrial, valorizaram o conhecimento preparado na prática das oficinas e se destacaram com contribuições inovadoras. E, apesar dos referidos núcleos pedagógicos não terem logrado viabilidade institucional, esses profissionais abriram caminho e disseminaram os novos preceitos artísticos por outras vias.

A mobilização em torno desses projetos testemunha a oportunidade das iniciativas, no momento em que o país se abria para mudanças, e leva Ethel a indagar sobre as razões da omissão da maioria dos empresários, de seu desinteresse pela criação de uma vertente educacional que embasasse um território comum, como aconteceu em outros países. Deixa claro que o teor das propostas de aliança entre a arte e a indústria não foi assimilado com facilidade pela sociedade brasileira, nem mesmo pelos segmentos alinhados com o desenvolvimento da indústria nacional. O texto desperta interrogações que excedem os escopos iniciais do estudo e alertam para aspectos específicos da história das mentalidades, das construções culturais, que constituem áreas interdisciplinares de investigação histórica.

Caberia enfim reiterar que escolhas de domínio estético e exigências de domínio produtivo estariam sujeitas a profundas implicações subjetivas, teriam seu custo, não tenderiam ao consenso. Claro está que interesses econômicos e políticos não são respostas imparciais dadas por um raciocínio lógico, estão mais próximos da ideologia do que do conhecimento.

Parece inerente à aliança entre arte e indústria que os agentes envolvidos no processo compartilhassem o conjunto de valores que sempre ampara a sensibilidade estética. O tema tange aspectos de nossa formação cultural e dos diferentes grupos sociais que acolheram ou rejeitaram valores modernos, a arte moderna, quiçá a arte. Mudanças demandam transformações da experiência dos dois agentes, desde a aceitação de que a atividade artística fosse instrumentalizada no processo produtivo, à necessidade de substituir práticas, processos artísticos e técnicas. Supõe ainda a disponibilidade de esferas a serem preenchidas por uma nova sorte de "objeto" artístico.

Em suma, a transformação de agentes artísticos e a adoção de novos procedimentos de fábrica já não são ideias, mas experiências que tem seu preço e requerem longo processo de aprofundamento. Nessas condições, o tempo de absorção dos novos programas culturais foi dilatado pelos novos agentes e novos espaços que lhe deram vigência. Afinal, projetos ultrapassam a vida das instituições, passam por ajustes. E como já pensava Ortega y Gasset, a cultura é o que resta do que se vai.

Em visão retrospectiva, os valores utópicos do projeto moderno fazem as contas com as circunstâncias que envolveram sua existência. E a análise de Ethel Leon ganha muito da curva de tempo decorrido, que traz seu objeto de estudo dos anos 1950 para o presente. Hoje, ninguém desconhece que a orquestração de um novo *homo faber* está muito longe de ser tarefa imediata, assim como, as condições para garantir o fabrico de um mundo mais humano não brotam de uma hora para outra. O desenho que dá forma à vida humana é inseparável de sua decantação no tempo, tem sua própria demora.

Sintomático que o terceiro milênio traga à consciência as impossibilidades do modelo de cultura material oferecido pela atual sociedade de consumo, e torne imperativa a revisão do processo desencadeado em meados do século passado. E que nessas circunstâncias, Ethel Leon tenha examinado as matrizes das Bauhaus - Weimar, Dessau, Instituto de Desenho de Chicago –, que se irradiaram por tantos pontos do globo. Torna-se muito oportuna a investigação das matrizes internacionais do "design", que lhe imprimiram sentido, além de conduzir remessas financeiras.

Urgências evidenciadas na nova era tecnológica aguçam interrogações sobre modos de aproveitamento dos materiais, sobre economia de fabricação, com vistas ao projeto de civilizações futuras. Mais do que direções, trazem perplexidades.

Vista hoje por um jovem estudante, a imagem da máquina Olivetti na vitrine do MASP é de fato uma peça de museu da era da industrialização mecânica e remete ao que foi a substituição da mão pela máquina, quando o movimento manual adestrado pelo estilo/instrumento ia deixando de conduzir o desenho da escrita. Conta também que, constrangido, o pensamento foi levado a preencher o ritmo do teclado, e a ele se adaptou, indo parar nas nuvens. Alerta ainda sobre a escala a que foi levado o comando por botões. Pergunta às quantas andam as artes na era da tecnologia digital e se temos algum projeto ou desenho para o mundo no qual vivemos.

INTRODUÇÃO 18

01
DE HISTORIADORES
DE ARTE PARA TÉCNICOS
DA INDÚSTRIA 24

02
FILIAÇÃO AO INSTITUTE OF
DESIGN DE CHICAGO
E À BAUHAUS DESSAU 52

03
A HERANÇA DO IAC 72

04
ALGUMAS QUESTÕES
EM TORNO DO IAC 96

05
ALGUNS EX-ALUNOS 110

06
REVISÃO BIBLIOGRÁFICA
DO IAC 126

07
DOCUMENTAÇÃO E
BIBLIOGRAFIA 140

INTRODUÇÃO

Instituto MUSEU de Arte Contemporânea

O Instituto de Arte Contemporânea (IAC), escola do Museu de Arte de São Paulo (MASP), vem sendo cada vez mais mencionado nos trabalhos de história do design brasileiro, embora se saiba pouco sobre ele. Decidi estudá-lo em mestrado, concluído em 2006, orientada por Julio Roberto Katinsky, na Faculdade de Arquitetura e Urbanismo da USP.

De todos os comentários que ouvi na época, guardei especialmente o de meu amigo Gilberto Paim, que disse o seguinte: "Você transformou um fantasma num objeto de estudo".

Percebi que Gilberto estava certo, ao tomar conhecimento do interesse pela leitura da dissertação de mestrado, que, mesmo guardada na biblioteca do solar dos Penteado, onde funciona a pós-graduação da FAU, em São Paulo, ganhou inúmeros leitores. Em algumas palestras para professores e profissionais de design, nas quais apresentei um resumo desse trabalho, percebi o espanto generalizado com meu relato. O IAC era, de fato, um fantasma.

Mas minha motivação para estudá-lo não foi desvendar qualquer mistério. Pensei que esse tema teria farto material documental ainda não analisado. Imaginava pilhas de papéis amarelados com textos e desenhos de escritos de Lina Bo Bardi, fundadora da escola, que supostamente estariam arquivados no Instituto Pietro Maria e Lina Bo Bardi e que eu examinaria com cobiça por tardes e mais tardes na Casa de Vidro do Morumbi. Antevia a visita a ex-alunos que retirariam de suas gavetas pastas com trabalhos feitos na escola, fotos de colegas, cadernos de anotações das aulas.

A suposição era equivocada, constatei ao longo da pesquisa. A equipe do Instituto P.M. Bardi e Lina Bo Bardi não conseguiu descobrir um só papel relativo ao IAC em toda a sua massa de documentos.

Entre os ex-alunos, Alexandre Wollner guarda algumas imagens e lembranças vividas do curso, que organizou no livro *Design Visual 50 anos* (2003). Irene Ruchti conservou a apostila de Composição, assinada por seu ex-professor e marido, Jacob Ruchti. Ela e os demais entrevistados desse trabalho sorriam, complacentes, diante da minha desilusão, ao ver várias de minhas perguntas sem respostas. *Também*, comentaram muitos, *tudo isso aconteceu há mais de 50 anos!*

O arquivo do MASP e a coleção da revista *Habitat* foram, então, minhas fontes privilegiadas de informação. No arquivo do MASP encontrei uma série de textos manuscritos e documentos variados que me forneceram razoável base documental.

As entrevistas realizadas com ex-alunos e com o ex-professor da escola Flávio Motta, assim como com pessoas próximas ao MASP no período do IAC (1951 – 1953), passaram a ser fundamentais fontes de informação nesse processo. Aí, vi-me às voltas com os problemas da memória (50 anos!) de pessoas que tiveram diferentes graus de envolvimento com o curso e cujos relatos foram muito distintos uns dos outros. Envolvi-me, então, numa aventura quase detetivesca, buscando cotejar depoimentos, conferi-los com documentos e artigos de jornais.

É possível que antigos registros venham a ser encontrados. Não está descartada, no entanto, a hipótese de os cursos do IAC, especialmente o de desenho industrial, terem sido parcamente documentados. A desvalorização do trabalho é característica do mundo colonizado, observa o professor Julio Roberto Katinsky. E talvez o IAC esteja compreendido nessa tragédia.

Apesar disso, a riqueza dos depoimentos me fez aprofundar a suspeita que me levou ao IAC. A suspeita era de que o curso de desenho industrial do MASP tivesse fundado um discurso sincrético de desenho industrial, herdeiro, ao mesmo tempo, de uma visão utópica, construída por tantos personagens, especialmente da história europeia do desenho industrial, e de uma explicitação mercantil, alicerçada no design norte-americano.

O embate entre essas matrizes de pensamento e prática se deu em Chicago, alguns anos antes da fundação do IAC, nas escolas dirigidas por Lazlo Moholy--Nagy. O Institute of Design de Chicago foi o modelo inspirador do IAC, conforme atestam documentos assinados por Pietro Maria Bardi. Por isso, voltei-me para as experiências didáticas daquela escola norte-americana. A forte tensão entre o meio empresarial que patrocinava a escola de Chicago e o pensamento utópico e rigoroso do fundador da escola, o húngaro egresso da Bauhaus, Lazlo Moholy--Nagy, não se reproduziu no Brasil. Aqui, os empresários mal se aproximavam da escola de desenho industrial do MASP.

Enfim, suspeito que o IAC tenha contribuído para esboçar um discurso relativo a design, que "resolveu" a polarização que, nos anos 1950, se daria entre a *gute Form* alemã e o *good design* dos meios cultos norte-americanos, ou entre a gute Form, de tradição utópica, e o chamado *styling*, prática dos que entendiam o design como atividade subordinada ao mercado.

Desse modo, explica-se por que ex-alunos da escola de desenho industrial do MASP, muitos dos quais tiveram contribuições importantes na prática e na divulgação do desenho industrial no Brasil, apesar de compartilharem do rigor construtivo das artes que se afirmavam no período, não ficaram reticentes com relação às imposições de mercado. Ao contrário, tornaram-se catequistas do empresariado.

E, seguramente, a partir deles, pode-se falar na construção de uma prática profissional que, durante anos, na ausência de escolas, foi uma das responsáveis pela formação de novos quadros do design brasileiro. Forminform, Unilabor, Branco e Preto e tantos outros têm o dedo de ex-alunos e professores do IAC.

Uma das grandes alegrias desta pesquisa foi a constatação da fertilidade dos designers que lá se formaram. Levantei um pouco da trajetória profissional de ex-alunos do IAC menos conhecidos do público leitor. Certamente entre eles estão Estella Aronis, da segunda turma da escola, mas também Aparício Basílio da Silva e Irene Ruchti, raramente citados ao lado de Alexandre Wollner; Emilie Chamie, Ludovico Martino, Antonio Maluf, Maurício Nogueira Lima, muito mais estudados por pesquisadores do design e das artes.

Afirmei nesta introdução que suspeito que o IAC tenha fundado um discurso específico sobre design. Na época de sua abertura, já existiam, há tempos, muitas ações projetuais na indústria do mobiliário e de alguns bens de consumo duráveis como fogões; na indústria de embalagens; na atividade editorial.

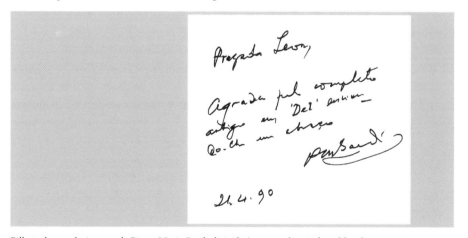

Bilhete de agradecimento de Pietro Maria Bardi dirigido à autora, depois de publicada entrevista sobre o IAC na revista *Design & Interiores*, nº 18, fev/março de 1990. Arquivo da Autora.

Há um território inteiro a ser desbravado, que é aquele dos artistas e/ou publicitários com trabalhos contínuos na área gráfica, aí compreendidas as embalagens; e também nos objetos de consumo. Antes do IAC, portanto, encontramos uma série de designers cuja formação se deu de várias formas; entre elas, a área da publicidade[1].

No entanto, antes do IAC, não havia uma visão do design como unidade disciplinar e atividade profissional de projeto de mercadorias, gráficas ou tridimensionais. É possível pensar o IAC a partir dessa noção, de campo autônomo? A escola, o museu e a revista *Habitat* foram suficientes para construir, mais do que uma prática profissional com nome próprio (desenho industrial), um sistema que criou suas próprias regras e passou a se reconhecer como tal? Este livro apenas abre a discussão, que me parece fundamental para entender o traçado histórico do design brasileiro.

Muitas experiências de design de mobiliário tinham como protagonistas arquitetos, artistas plásticos ou pessoal técnico de empresas[2]. Os profissionais de design gráfico reconheciam-se na área das artes gráficas. Não há registro de qualquer fórum unificador dessas atividades como pertencentes a um só domínio intelectual antes do IAC[3].

---

1   É o caso de Antonio Muniz Simas, titular do primeiro escritório brasileiro de design de embalagens, a DIL (Desenho Industrial Limitada), que abriu as portas em São Paulo, em 1963. Simas vinha de agências de publicidade, onde se dedicou a projetos de embalagens desde os anos 1950. No livro *História da embalagem no Brasil* encontram-se vários exemplos de projetos realizados por donos ou diretores dentro das empresas de bens de consumo e também de funcionários das chamadas indústrias convertedoras de embalagens, como é o caso de Jean Marie Fernand Édange, presidente da Unilever entre 1947 e 1957 e que desenhou embalagens da Atkinsons. CAVALCANTI, Pedro e CHAGAS, Carmo (2006). Também é preciso pesquisar os artistas que desenhavam para as Indústrias Matarazzo, para Baby Pignatari. É bom lembrar que Baby Pignatari trouxe para o Brasil os artistas Túlio Costa, Aldo Calvo e Bassano Vacarini, que trabalharam no TBC.

2   Ver a esse respeito os trabalhos de SANTOS (1993; 1995) e de SANTI (2000). Nesses trabalhos, pode-se ver que as matrizes do pensamento moderno estão presentes em alguns arquitetos que executaram móveis. Também podem ser examinados os casos de móveis projetados por empresários, dentro de matrizes modernas, resultado não de escolhas estéticas, mas de determinações operacionais.

3   O pesquisador Guilherme Cunha Lima faz referência ao curso de Artes Gráficas da Fundação Getúlio Vargas, fundado pelo artista Tomás Santa Rosa, nos anos 1940. A escola teria sido baseada na experiência da Bauhaus, "mas mostrava forte influência da École de Paris, que revela a matriz francesa da cultura brasileira antes da Segunda Guerra Mundial" (LIMA, 2001). A escola limitava-se às artes gráficas. As escolas de design pós IAC serão pautadas por programas que compreendiam artefatos bi e tridimensionais, até recentemente, quando alguns cursos universitários se fixam em uma das modalidades do design, caso atual do Senac-SP.

O salto industrial do período Kubitschek, posterior ao fechamento do IAC, certamente favoreceu a implantação de escritórios de design e das escolas que surgiriam nos anos 1960. No entanto, as relações designers/indústrias não foram fáceis nas décadas seguintes. Entre 1955 e 1965, muitos arquitetos dedicados a design de móveis fundaram suas próprias empresas, geralmente manufatureiras, dado o desinteresse de industriais por seus projetos. No Brasil, como em boa parte dos países periféricos, o design gráfico e de embalagens se desenvolveu com muito mais facilidade do que qualquer intervenção nas plantas industriais[4].

Talvez essa tenha sido a surpresa de Pietro e de Lina Bardi que, a partir da desilusão do IAC, construíram, nas décadas seguintes, atividades antagônicas na área do desenho de objetos, ele ressaltando os avanços do mercado brasileiro e ela procurando possíveis matrizes para um fazer autônomo, nas demonstrações do pré-artesanato.

---

4 Ver a esse respeito FERNÁNDEZ, BONSIEPE (2008).

01

DE HISTORIADORES DE ARTE
PARA TÉCNICOS DA INDÚSTRIA

O ano de 1951 é lembrado na história da arte brasileira pela I Bienal de São Paulo. Nela, Max Bill foi o grande premiado internacional com *Unidade Tripartite*, a fita de Moebius transformada em escultura. Meses antes, o artista já ganhara exposição no Museu de Arte de São Paulo e sua inauguração marcou o início do curso de Desenho Industrial do Instituto de Arte Contemporânea.

Max Bill era o herói dos artistas modernos, brasileiros e estrangeiros, que se aglutinavam em torno do MASP e dos grupos concretistas que se formavam em São Paulo naquele período. O artista gráfico Leopold Haar escrevia na revista *Habitat* a respeito das novas *exigências estéticas do homem que usa geladeira, conhece as sulfas e é contemporâneo de Max Bill* (HAAR, s/d, *Habitat* n. 5, p. 57).

Nos Estados Unidos, também em 1951, era fundada a International Design Conference in Aspen – fórum no qual o design era visto como parte integrante do *good business*, frequentado por designers e por homens de negócios. O mundo do design vivia intensamente essa divisão entre um ideário artístico libertário (Bill) e o *business*.

Não podia deixar de ser assim num mundo recém-saído da Segunda Guerra Mundial, que sofria os efeitos de uma reorganização na qual Estados Unidos e União Soviética emergiam como as principais potências mundiais. A Guerra Fria, caracterizada por embates locais como a Guerra da Coreia, traduzia-se em ações culturais em todo o mundo. Entre nós, consolidava-se uma espécie de *american way of life*, difundido pelo cinema, pela música, pela política museológica norte-americana. E, sobretudo, pelos novos bens de consumo à disposição de quem podia comprá-los. (Ver Tota, 2000). Liquidificadores, batedeiras, rádios e ventiladores passavam a ser produzidos no Brasil. Poucos anos depois viriam as geladeiras e os automóveis, até então importados e propagandeados nas revistas.

Longe de serem apenas acessórios da vida contemporânea, os novos objetos encarnavam um modo de vida arduamente defendido pelas políticas ligadas ao Plano Marshall de recuperação da economia europeia e de "coca-colonização" do mundo, como acusavam muitos intelectuais franceses.

Depois de anos da ditadura do Estado Novo, o Brasil vivia em regime democrático estreitamente conectado à política norte-americana. São Paulo experimentava um processo acelerado de crescimento, industrialização e de metropolização cultural[1]. O acesso a bens de consumo, a opulência material tornavam-se também sinônimos de democratização, contra períodos precedentes, especialmente os da Segunda Guerra, mas também sua existência era alardeada em oposição ao mundo capitaneado pela União Soviética, pobre em bens de consumo individuais[2].

A arquitetura moderna brasileira era visível não apenas em grandes obras públicas, mas em prédios de apartamentos e residências de luxo, abrindo terreno para manufaturas de móveis adequados aos novos padrões visuais. Nesse período do pós-guerra, muitos europeus, de diversas formações e filiações político-culturais, vieram para o Brasil e foram empreendedores nos negócios de móveis. Entre eles, o arquiteto Gian Carlo Palanti que, junto com Lina Bo Bardi, montou a pequena fábrica Studio Palma; os irmãos Hauner, vindos da Itália e que aqui acabaram proprietários de lojas e fábricas de móveis modernos; o romeno Léo Seincman, que inaugurou sua loja de móveis e a galeria de arte Ambiente em 1951. E ainda o arquiteto polonês Jorge Zalszupin, fundador da indústria de móveis L'Atelier em meados dos anos 1950, e o francês Michel Arnoult, da Mobília Contemporânea, da mesma época.

A fundação do MASP, em 1947, como também do MAM, em 1948, fez parte desse *aggiornamento* cultural. O MASP, especialmente, foi uma nova sede para a difusão da arquitetura e do design internacionais, estreitamente ligado a esses imigrantes jovens, cultos e modernos.

O fundador do Museu foi Assis Chateaubriand, dono dos Diários Associados, grupo proprietário de jornais locais em boa parte do Brasil, numa cadeia que incluía a revista de circulação nacional *O Cruzeiro*. Seu império era a grande iniciativa da nascente indústria cultural brasileira e introduziria, no ano de 1950, a televisão no Brasil, com a abertura da TV Tupi. Chateaubriand primava pelo comportamento coronelista em seus métodos. Achacava e chantageava seus pares, empresários e também o governo, e almejava modernizar o Brasil por meio da adoção de métodos clientelistas, autoritários e dependentes de benesses do governo federal[3].

---

1   Conforme demonstraram Amaral (1977), Durand (1989), Lourenço (1994) e Nascimento (2001) em seus trabalhos.

2   Ver especialmente a esse respeito Crowley, David e Pavitt, Jane (2008).

3   O livro de Fernando Morais (1994), *Chatô, o rei do Brasil*, é a grande referência da formação do império de Chateaubriand.

O crítico e marchand italiano Pietro Maria Bardi foi o escolhido por Chateaubriand para dirigir o Museu. Recém-chegado da Itália, onde fora árduo defensor da arquitetura moderna no interior das hostes fascistas era casado com a jovem arquiteta Lina Bo Bardi, que, como militante comunista, participara da resistência ao fascismo na Itália (cf. MORAIS, 1994; TENTORI, 2000). Bardi entusiasmou-se com a ideia de fazer um museu novo, muito mais próximo do Museum of Modern Art (MOMA) nova-iorquino do que das instituições europeias.

O oligarca Chateaubriand, o fascista Pietro e a comunista Lina Bardi formaram uma espécie de coalizão inimaginável para a condução de um museu de arte. Os três seriam responsáveis pela primeira escola de desenho industrial no Brasil.

Desde 1931, Bardi defendia a tese de que não havia sentido em dividir a arte em antiga e moderna (TENTORI, 2000, p. 31), posição que assumiu ao propor o Museu de Arte de São Paulo. Logo ao migrarem para o Brasil, em 1946, Bardi e Lina trouxeram grande coleção de arte e artesanato e imensa biblioteca e organizaram, no Rio de Janeiro, entre 1946 e 1947, três exposições, uma de pintura italiana dos séculos XIII a XVIII; outra de pintura italiana moderna; e uma mostra de objetos de arte para decoração de interiores. Já estavam aí as bases do novo museu.

O MASP ANTES DO IAC

O Museu de Arte de São Paulo foi inaugurado em 4 de outubro de 1947, no número 216/230 da rua 7 de abril, no edifício ocupado pelos Diários Associados e projetado pelo arquiteto Jacques Pilon. Com 1000 m² à disposição em um dos três andares do prédio, Lina Bo Bardi descartou uma cúpula e uma fonte da arquitetura original, de gosto "oitocentista", como diria Bardi. Na inauguração, os convidados foram surpreendidos por quadros fixados não nas paredes, como estavam acostumados a ver, mas em suportes de tubos de alumínio, presenteados por Baby Pignatari (BARDI, 1977, p. 86).

Já em 1948, o Museu promoveu uma exposição sobre cadeiras, com ênfase nos modelos da indústria austríaca Thonet, espécie de cânone da história do design. Na Pinacoteca, cerca de dois anos depois, ao concluir a segunda reforma do Museu, Bardi instalou uma Vitrine das Formas, fazendo a apologia da universalidade e permanência de objetos de alta qualidade formal. Nela, justapôs objetos antigos e uma máquina de escrever Olivetti, projetada por Marcello Nizzoli. Alguns críticos, ao verem a vitrine, comentaram que os funcionários do Museu deviam tê-la esquecido ali, no meio dos objetos de arte. Não imaginavam que Bardi já estava tratando do "design" como "ramo significativo da arte contemporânea" (BARDI, 1986: 21).

Pietro Maria Bardi discursa na inauguração do MASP. A seu lado, Francisco de Assis Chateaubriand. Acervo fotográfico da Biblioteca e Centro de Documentação do Museu de Arte de São Paulo Assis Chateaubriand – MASP. Fotografia: *Diário de São Paulo* – DSP.

Poucos entendiam que, na concepção de Bardi, assim como para tantos defensores do projeto moderno, tratava-se de vislumbrar a possibilidade de aliar-se às novas técnicas, ao mundo industrial, gerando formas tão belas como aquelas desenvolvidas na Grécia clássica, na Itália renascentista e na Espanha barroca. Assim como Le Corbusier combatia as artes ditas decorativas, aproximando o Partenon dos automóveis Humber e Delage como formas eternas (LE CORBUSIER, 1951), Bardi também justapunha artefatos de diferentes períodos históricos, correndo o risco de ser mal compreendido pelos críticos da época. Ele se irritava com a ignorância geral do ambiente provinciano de São Paulo, mas seguia em frente, sempre encorajado por Assis Chateaubriand.

Roberto Sambonet posa para fotografia na entrada do Museu de Arte de São Paulo em sua primeira sede na rua 7 de abril. Acervo fotográfico da Biblioteca e Centro de Documentação do Museu de Arte de São Paulo Assis Chateaubriand – MASP. Fotografia: Peter Scheier.

Le Corbusier, Richard Neutra, Max Bill, Saul Steinberg e Alexander Calder estão entre os nomes convidados do MASP para exposições temporárias. Ou seja, a escultura moderna (Calder e Bill) figura ao lado da arquitetura (Le Corbusier e Richard Neutra) e das artes gráficas, vinculadas à cultura de massas (Saul Steinberg). A mostra das cadeiras abordava a questão do cotidiano e do design como esfera de educação do gosto. Do mesmo modo, a exposição de cartazes suíços impressionou os jovens e futuros designers Alexandre Wollner e Emilie Chamie, por tratar-se de arte para milhões, cujo suporte era a própria cidade.

Já em 1948, Bardi relatou numa publicação da Unesco que pretendia criar um *instituto correspondente às condições atuais da cultura artística* (BARDI, 1948, p. 138). Para tanto, organizou um curso de história da arte e de noções gerais de museografia para jovens. Ele utilizou 200 dos 1000 m² que Chateaubriand lhe destinara para apresentar uma seção didática. Nesse espaço, painéis de vidro suspensos por tubos de alumínio comportavam 84 pranchas.

O interesse despertado no público fez que Bardi criasse um clube de arte para crianças de 5 a 12 anos, um curso de história da arte para estudantes de ginásio e colégio, com atribuição de bolsas de estudo para os melhores; cursos para estudantes universitários, em colaboração com professores da Faculdade de Filosofia da Universidade de São Paulo; cursos para professores de desenho e ainda cursos para associações, escolas etc.

No entanto, essas atividades pedagógicas não eram suficientes para as ambições modernizantes de Bardi. Ele decidiu abrir uma escola destinada a formar

A montagem dos painéis expositivos do MASP, projetados por Lina Bo Bardi, com tubos de alumínio doados por Baby Pignatari. Acervo fotográfico da Biblioteca e Centro de Documentação do Museu de Arte de São Paulo Assis Chateaubriand – MASP. Fotografia: Peter Scheier.

pessoas especializadas em teoria e história da arte. A necessidade era clara. Nos primeiros anos de funcionamento do MASP, como conta o professor de história da arte Flávio Motta[4], muitas vezes era o próprio diretor que apresentava a coleção a visitantes. Amigos de Bardi, críticos e historiadores de arte, como Renato Cirell Czerna[5], livre-docente da Faculdade de Direito, os artistas Aldo Bonadei e Aldemir Martins também cumpriam essa tarefa. Além deles, também eram monitores Enrico Camerini, Jorge Wilheim, Nídia Lícia Pincherle, Gaby Bochardt[6] e o próprio Flávio Motta, que começou sua atividade docente nesse período, assessorando a direção como monitor do museu. No período de 1948 e 1949, Bardi gestou a ideia de uma escola de formação de professores de história da arte. Em um dos documentos manuscritos guardados pelo MASP, revelam-se as intenções de Bardi de organizar um Istituto di Teoria e Storia dell'Arte in São Paulo, em italiano, no original. O diretor do Museu lista uma série de nomes que gostaria de convidar para fazer parte desse Instituto[7]. Sua ideia era fazer um curso de amplo espectro, reunindo intelectuais de várias áreas, inclusive antropólogos (como Gilberto Freyre e Pierre Verger), arquitetos, críticos de arte, educadores (Anísio Teixeira), trazendo contribuições interdisciplinares para a formação dos professores. A lista trazia nomes que seriam também ligados ao Museu de Arte Moderna, como Lourival Gomes Machado e Wolfgang Pfeiffer.

---

4   Em depoimento à autora, realizado em 7 e 19 de outubro de 2005. Todas as informações dadas por Flávio Motta, a seguir, terão como fonte esses depoimentos.

5   No livro *The Arts in Brazil*, Bardi (1956, p. 122) faz um relato das atividades do MASP, privilegiando as didáticas do Museu. Lá ele mostra os painéis dedicados à arte colonial brasileira, de 1947, organizado pelo professor Renato Cirell Czerna.

6   Em texto publicado em 1982 (p. 8), Bardi cita os seguintes nomes como assistentes: Flávio Motta, Renato Cirelli Czerna, Enrico Camerini, Jorge Wilheim, Nídia Lícia Pincherle, Gaby Bochardt.

7   Os nomes anotados por Bardi são: Lina Bardi, Pietro Maria Bardi, Rodrigo de Mello Franco, Anísio Teixeira, Gilberto Freyre,............Gonzalves, Teixeira Leite, Pierre Verger, Germain Bazin, Jenny Segall, Isai Leirner, Sacks, Ernesto Wolff, Landmann, Baldus, Darcy Ribeiro, "quell'ungherese" (talvez Thomas Farkas...), Marques, Aloysio, Krautmann, W. Pfeiffer, Eric Stickel, Hugo Goutier, Scioletti, Cascudo,....Moreira Leite, Mariano (Rio), Mendes Caldeira, arq. Saia, Mugnaini, M.C.Franco, Jayme Maurício, Don Clemente, [quell del...Velasq], Pedro Manuel, Geraldo Ferraz, Lourival Gomes Machado, Clarival Valadares, Wang, Moreira Salles, [quell i Atena], Quirino Silva.

A PRIMEIRA PROPOSTA PARA O IAC

Não se sabe por que o projeto dessa escola foi abandonado. Os demais documentos manuscritos ou datilografados de Bardi a respeito de escola falam apenas de um curso de desenho industrial[8], o Instituto de Arte Contemporânea[9]. Também aqui é importante um reparo. Nos escritos de Bardi, ora o Instituto de Arte Contemporânea é sinônimo da escola de design, ora é um título guarda-chuva que abriga cursos livres de desenho, de fotografia, de gravura, a escola de propaganda e cursos para crianças.

Ao apresentar o programa da nova escola, Bardi adotou o nome Instituto de Arte Contemporânea como escola de desenho industrial.

> *Museu/Instituto de Arte Contemporânea Programa:*
> *O Instituto de Arte Contemporânea é uma iniciativa do "Museu de Arte" de São Paulo. Tem por objetivo incrementar o estudo e as pesquisas no terreno das artes aplicadas. Adota uma orientação nitidamente contemporânea. Procura orientar a produção industrial, a fim de que os objetos de uso comum e de alcance coletivo atinjam um nível estético elevado e em coerência com a época atual. Assim, o Instituto está convencido de contribuir, através das artes aplicadas, para a formação de uma consciência clara da função social da arte.*

O IAC teria, como na Bauhaus, um curso preliminar de um ano, obrigatório a todos os alunos. Seu programa consistiria de história da arte, noções de arquitetura e teoria da forma com aulas de geometria, teoria do espaço, teoria da cor e da luz, estudo dos materiais, composição e teoria da construção. O curso teria também aulas práticas de desenho da natureza e contato e pesquisas dos materiais com modelagem, construção e aplicação de cores.

Em seguida, como na Bauhaus, os alunos frequentariam oficinas, ditas de "especialização", também com duração de um ano. As oficinas seriam de pedra, madeira, metal, cerâmica, vidro, tapeçaria e tecelagem. Haveria também uma oficina de artes gráficas e fotografia com aulas de composição e técnica tipográfica, publicidade, layout, cartaz, gravura e fotografia.

---

8   Desenho industrial era a expressão utilizada por Bardi nos documentos oficiais da escola e seria o nome dos cursos universitários abertos nos anos 1960. Bardi, no entanto, já empregava o termo design. No texto, desenho e design industrial são sinônimos.

9   É interessante lembrar que, em 1947, Herbert Read fundou o Institute of Contemporary Arts em Londres, reunindo artistas, filósofos, designers numa proposta de experimentação antimuseal.

Havia três cursos complementares programados: evolução do concreto armado, por Pier Luigi Nervi; arquitetura dos jardins por Roberto Burle Marx e acústica na arquitetura por Rino Levi.

Era projeto de formação de dois anos, em que o ensino da arquitetura, embora reduzido a "noções", tem grande importância. No segundo ano, além das oficinas de ofícios artesanais, Bardi faz aproximar as artes gráficas e a fotografia da publicidade.

Por que Bardi teria desistido de uma escola e formulado o projeto de outra? É possível pensar que ele já houvesse conseguido professores e monitores para o Museu com preparo suficiente para dar conta das tarefas ligadas a teoria e história da arte. Além daqueles colaboradores formais, gravitavam no MASP uma série de personalidades mencionadas nos depoimentos de ex-alunos, muitos deles italianos, e que contribuíram para a formação de uma cultura de design em São Paulo, entre os quais, o arquiteto Gian Carlo Palanti; Bramante Buffone, responsável pelas publicações e pelas aplicações da identidade corporativa da gráfica da Olivetti no Brasil[10]; Joan Vila, poeta italiano que organizou as exposições didáticas; Tito Batini, escritor; Francesco Flora, historiador da arte; Guido di Ruggero, historiador da filosofia; o pintor Gastone Novelli. Além desses professores e conferencistas do IAC, deram aulas no MASP os cineastas Alberto Cavalcanti e Henri-Georges Clouzeau; o historiador da arte Germain Bazin; Deoclécio Redig de Campos, curador do Museu do Vaticano, e o crítico de arte Francesco Fera.

Nos primeiros anos de fundação do MASP, Bardi acompanhava Chateaubriand em sua missão de angariar apoio financeiro e doações de obras para o Museu. Conhecia, assim, a elite paulistana, aquela que Chateaubriand escolhera como potencial doadora do MASP. Nessas missões, Bardi vistoriava as residências da burguesia paulistana, seus gostos, a arquitetura e os móveis que faziam parte de seu cotidiano[11]. É possível que, vendo o mau gosto da elite, tenha decidido atuar na formação

---

10 Bramante Buffone desenvolveu intensa atividade como artista e designer em São Paulo. Realizou painéis cerâmicos em edifícios de arquitetura moderna em São Paulo; projetou catálogo da Olivetti em conjunto com Flávio Motta; desenhou máquina de escrever para a Olivetti, em equipe composta por Abrahão Sanovicz e Julio Katinsky. Katinsky conta que o projeto da máquina de escrever foi engavetado. Anos depois, a mesma máquina surgiu como projeto de Ettore Sottsass, na Olivetti italiana.

11 "Muitas vezes o diretor acompanhava o Patrão nas visitas que fazia às casas onde eventualmente existiam obras de algum interesse." BARDI, P.M. *40 anos de MASP*. Crefisul, 1986, p. 18. O livro de Fernando Moraes traz muitas descrições dos encontros de Chateaubriand com membros da elite brasileira e suas táticas de conseguir doações para o MASP:
"Nos anos que se seguiram, a alta sociedade do Rio e de São Paulo iria se cansar de frequentar as requintadas festas de Chateaubriand – mas ia pagar caro. Para montar o MASP, ele começou usando métodos quase iguais aos adotados para a campanha dos aviões: primeiro era preciso caçar um milionário (ou um grupo deles) para doar o dinheiro que pagaria uma determinada obra de arte a ser adquirida na Europa" (MORAIS, 1994, p. 481-482).

de "artistas industriais". Se a elite não fosse educada no bom gosto moderno, como poderia tornar-se mecenas do MASP? Teria de continuar sendo extorquida e/ou chantageada por Chateaubriand. Aqui merece ser citada a frase que resumia o tratamento que Chateaubriand dava à elite paulistana: *Faca para sangrar burguesia e primeira página do jornal para dar-lhe medalhas*[12].

E eis como Pietro Maria Bardi se refere aos ricos, comentando as ações de Chateaubriand:

> *De fato, quando um abastado "quocunque modo" aparecia na rede, o Caprichoso o badalava com uma amabilidade fora de medida, passando por cima de tudo, aguentava conversas insuportáveis, porque, como é sabido, os ricos em geral só falam em negócios e não trocam quatro palavras que não sejam algo do seu interesse. Mas a tática era o homem de posses merecer consideração, cortejo, espaço jornalístico sem economia, manchetes de porte, e tudo para cavar um cheque a favor das tantas benéficas campanhas promovidas pelo Mandante. É preciso dizer que eram combinadas as contrapartidas e pactuar as doações em determinados favores.*
>
> *Se no museu tivéssemos que esperar a chegada de um destes sofredores do bem público, tão comum nos Estados Unidos, dispostos a permanecer incógnitos, teríamos hoje apenas uma quadraria de nada.* (BARDI, 1982b p. 89-90)

Em discurso polêmico, durante uma festa, e que foi publicado em forma de artigo nos Associados, Chateaubriand diz o seguinte: "(...) O gosto pelas coisas belas não é um privilégio das elites. Também o povo aspira, instintiva e obscuramente, às emoções do encontro com um Rembrandt, um Velásquez, um Goya, um Greco, um Botticelli, um Tintoretto. De onde, entretanto, tirar recursos para levar a arte ao povo? Formulam queixas contra a família voraz dos tubarões, mas conosco eles têm sido dóceis e flexíveis. Talvez porque lhes falemos pedagogicamente de seus deveres coletivos, eles costumam ouvir-nos. Acentuamos os riscos que corre sua estirpe numa era que é o século dos assalariados e dos monopólios estatais. E eles sabem que, na verdade, o que fazem conosco são seguros de vida.

Estamos fornecendo salva-vidas à nossa burguesia. A campanha da Aviação, a campanha da Criança, o Museu de Arte e outros programas que temos na incubadeira, meus senhores e minhas senhoras, são os itinerários salvadores de vossas fortunas (...)" (MORAIS, 1994, p. 483). E continua:

"(...) Aprendi com o banqueiro Correia e Castro, aqui presente, e adotei como minha uma técnica de indiscutível eficiência para reeducar a burguesia: anunciar para breve o fim do mundo burguês, que sucumbirá aos ataques soviéticos. Apresento, contudo, a única hipótese de salvação, que é o fortalecimento das células burguesas. Uma das formas de fortalecê-las é doar Renoirs, Cézannes e Grecos ao Museu de Arte. O que significa que enfrentar os bolcheviques pode custar a cada um dos senhores modestos 50 mil dólares." (MORAIS, 1994, p. 483-484).

---

12 A frase foi repetida por um de meus entrevistados, que pediu para não mencionar a fonte.

A REVISTA *HABITAT*

Desde cedo, ao mesmo tempo em que propunham a escola, Pietro e Lina Bardi fundavam a revista *Habitat*. Lá, batiam-se[13] contra a o gosto dominante, eclético, a decoração, pregando a favor do desenho industrial e de objetos compatíveis com a era da máquina. Já no primeiro número da revista *Habitat*, de outubro de 1950, há um comentário jocoso sobre a ação dos decoradores. Na revista *Habitat* n. 2, de janeiro de 1951, a coluna sob o título decoração equivale a um manifesto:

Decoração

Com esta palavra maltrata-se uma das mais sérias responsabilidades de hoje: o arranjo interno de casa, a formação do "habitat", no verdadeiro sentido da palavra, onde os homens se desenvolvem, onde formam-se suas mentalidades, onde eles se preparam para trabalhar, para pensar, e ah! Para fazer as guerras. Desta palavra desventurada, (que logo nós substitu-ímos por "arquitetura interna") apropriam-se especialmente as senhoras e cavalheiros distintos, que a ela se dedicam, nos momentos livres entre um coquetel e um jogo. Os arquitetos modernos, os intransigentes, dizíamos, aqueles que trabalham em silêncio e veem na nova arquitetura o caminho, a decência e a salvação para humanidade, estes arquitetos pois, deveriam

---

13 Muitos dos textos da revista não estão assinados, mas têm estilo próximo aos artigos ma-nuscritos de Pietro Maria Bardi. Em entrevista à autora, Flávio Motta também confirmou que Bardi escrevia constantemente sobre decoração, ridicularizando a "cultura decorativa" brasileira. O tom das notas se coaduna perfeitamente com o pensamento de Lina Bo Bar-di, expresso em texto em seu livro: "Minha opinião sobre decoração? Essa infeliz palavra substituímos imediatamente por 'Arquitetura de Interior' Tarefa da mais séria responsabi-lidade de nossos dias: a disposição interior da casa, a formação do "habitat" por excelência, onde os homens se desenvolvem e formam sua mentalidade e de onde partem para iniciar sua própria vida individual, para pensar, trabalhar e, também, infelizmente, para guerrear. Na Exposição da Cadeira, que organizamos no Museu de Arte, colocamos ao lado da fo-tografia de um homem sentado em cima de uma pedra, a de uma senhora sentada numa cadeira sofisticada, de proporções erradas e mais apropriada para um elefante do que um ser humano. É claro que temos muito respeito aos objetos antigos, os verdadeiros, e que os conservamos também dentro de casa, mas como relíquias, que de vez em quando trancamos no armário. Mas violentar uma época impondo-lhe embalsamentos de gesso e papelão sig-nifica desconhecer o progresso fatigante e doloroso da humanidade, que a incompetência, o diletantismo e a ignorância fazem recuar de quilômetros a cada centímetro que ela consegue conquistar em seu caminho para a frente. O Brasil possui uma matéria-prima-público de primeira ordem, ainda imune aos estragos do mau gosto. Cabe aos arquitetos competentes e intransigentes a tarefa de defendê-la, combatendo o diletantismo, a fim de formar no público um critério seguro de seleção. Fique claro que, ao falar de arquitetos, não nos referimos a to-dos os que se formaram em arquitetura, mas apenas àqueles que compreenderam e compre-endem o profundo alcance social da arquitetura moderna." (FERRAZ, 1993, p. 60). Além disso, é bom lembrar que Pietro e Lina assinavam, muitas vezes, editoriais e artigos na *Habitat* com o pseudônimo de Alencastro.

ser retratados como alguns santos antigos, de couraça e espada flamejante, a espada para combater a vasta multidão de incompetentes e ignorantes que avança com falsos cristais, falsos ouros, pernas retorcidas de cão ou leão, cortinas de cetim e de tafetá, franjas a adejos, mouros e mourinhos, estuques e estuqueiros, armas e lustres de verdadeiro ou falso Baccarat, com os acolchoados, os estofos, os matelassê, as porcelanas (especialmente as porcelanas), os cordões, a cor verde de amêndoa, cor de rosa de sorvete, branco de açúcar, azul, roxo, os pompons, sobretudo os pompons...

A partir de então, a *Habitat* publica regularmente críticas às vitrines paulistanas, à decoração de interiores residenciais. Bardi acena como tarefa do desenho industrial realizar as vitrines comerciais do comércio paulista, o que é reforçado pelo fato de Leopold Haar, que, na época, trabalhava como vitrinista, ter sido professor do IAC e ter publicado artigo a respeito do assunto na revista *Habitat*. Além disso, já em 1947, o MASP realizara um curso para vitrinistas, repetido em 1948.

O denominador comum dessas ações do desenhista industrial seria o "bom gosto", a ser ensinado às elites e que deveria invadir a vida cotidiana, incluída aí a imprensa. É desse modo que lemos na revista *Habitat*:

Passeata
Se os quadros, os lustres, os adornos, os tapetes da maioria dos salões burgueses, se animassem de repente e organizassem uma passeata de protesto, veríamos pelas ruas um desfile de tão mau gosto, que os transeuntes morreriam pelo susto. (HABITAT, n. 3, p. 90)

A crítica chega aos móveis urbanos também no número 8 da revista *Habitat*:

Luta nas ruas
Que os postes de iluminação em São Paulo ainda sejam assim, isto é, ainda em coluna dórico-coríntia e desenho algo humorístico, é fato que nem todos conseguiam explicar. Ou será que ainda estão de luto pela morte de D. Pedro II?... Entretanto, observamos diariamente – numa época em que a mão de obra deve ser um elemento precioso – muitos homens..., armados de balde e pincel, andam pela cidade numa fúria de pinceladas de ouro e de preto, de preto e de ouro. (HABITAT, n. 7, p. 93)

A decoração, tal como era "cometida" em São Paulo, é alvo importante dos ataques modernos dos Bardi, que têm um aparato educativo em suas mãos e elegem como alvo a educação do gosto artístico da elite paulista. Essa educação do gosto, na perspectiva moderna, compreende não apenas a obra de arte canônica, mas as artes comerciais, entre elas, o desenho industrial, entendido como projeto de objetos domésticos; vitrines comerciais, móveis urbanos e comunicação visual. Eis o universo dos alunos do futuro IAC. O aparato educativo, por sua vez, inclui o Museu e a revista *Habitat*.

Aqui vale a pena chamar a atenção para a filiação de Pietro Maria Bardi a uma tradição do ensino do design. Embora Bardi tenha escrito que as Américas – e não a Europa – eram adequadas para a implementação de um projeto novo como o MASP[14], pode-se dizer que, ao procurar articular a arte e a indústria e ao abrir uma escola de artistas industriais, Bardi se filia a uma longa tradição, aquela de Sir Henry Cole, um dos principais responsáveis pela célebre Exposição Internacional de 1851, realizada no Palácio de Cristal, em Londres.

Sir Henry Cole apoiou-se nos instrumentos museu, escola e publicação para divulgar a necessidade e as regras dos *industrial designers*. Essa vertente do design britânico foi valorizada por Pierre Francastel (1996, p. 26, 48, 72, 84) e tem sido estudada nos últimos anos por historiadores que criticam a narrativa de Nikolaus Pevsner, *Os pioneiros do desenho moderno* (PEVSNER, 1980). Personagens subestimados por Pevsner, Sir Henry Cole, Owen-Jones e Christopher Dresser iniciaram uma linhagem de design industrial bem distinta daquela que teve, em última ins-

---

14 "Eu venho da Europa. Lá, com frequência, preguei aos sete ventos estas ideias e elas somente despertaram polêmicas inúteis e efêmeras. Lá os museus, como sabem todas as pessoas instruídas, são instalados em edifícios históricos, e quando são construídos novos a tarefa é dada a ruminadores de velhos estilos arquitetônicos, com a intenção sádica de fazer nascer morto um edifício que deve conservar coisas mortas. Na Europa não há nada a ser feito neste campo: a cultura é um fato de erudição, muito polido num ambiente conservador, ou então um fato genial considerado suspeito no ambiente que pensa na possibilidade de uma inovação e – por outro lado – a "política-antes-de-tudo" nutre nos melhores cérebros uma visão meramente realista do futuro europeu. As ideias, na Europa, são todas ou estritamente nacionalistas ou estritamente internacionalistas; ou estritamente ortodoxas ou estritamente utópicas. E, em qualquer coisas, sempre particulares. Não podemos esperar reformas desta Europa assim dividida, assim incapaz de gestos audazes e de renúncias generosas. Assim, na minha opinião, os americanos serão verdadeiramente os primeiros a compreender a função educativa dos novos museus. O Museum of Modern Art de Nova York é o primeiro passo no bom caminho. O interesse que observei no Brasil por algumas das minhas iniciativas destinadas a fazer conhecer a pintura antiga, o trabalho de um grupo de arquitetos [Lina, Giancarlo Palanti, Roberto Sambonet] que realizou uma unidade das artes em um difícil bem o dito de Maquiavel – "pigliare l' impresa" – para conseguir concretizar com a necessária energia as próprias iniciativas, me fazem compreender que o Brasil, de um momento para o outro, está em condições de resolver o problema dos museus de modo exemplar. Parece-me que no Brasil nos damos conta de que as ideias audazes não são utopias, enquanto, ao contrário, as utopias não são nunca audazes". BARDI, P. M. Musée hors des limites. Revista *Habitat* n. 4, setembro de 1951, citado por TENTORI (2000, p. 189-191).

tância, John Ruskin como ideólogo e William Morris como propagador de uma visão e uma prática de design.

Ao contrário do horror expresso por Ruskin com relação à Exposição Industrial de 1851, e aos produtos gerados pela indústria, Sir Henry Cole saudou não só o conteúdo apresentado no Palácio de Cristal, mas ainda elogiou os produtos norte-americanos lá perfilados e que ganharam severas críticas da imprensa da época. Sir Henry Cole bateu-se pela abertura de museus ao grande público e pela fundação de museus de artes decorativas, como foi o caso do South Kensington Museum (futuro Victoria and Albert); pela abertura de cursos de artes industriais como o Department of Practical Art do Museu, como parte da educação do público, e ainda encorajou a criação de uma revista sobre artes aplicadas, o *Journal of Design Manufacturers* (PASCA e PIETRONI, 2001: 98). Parece haver grande confluência entre as propostas de Cole e seu grupo e o programa de Pietro Maria Bardi para o MASP e as escolas do IAC. O documento que explicita a criação do curso de desenho industrial diz o seguinte:

Uma Escola de Desenho Industrial no Museu

O MASP inaugurará uma escola de Desenho Industrial especialmente dedicada aos jovens que desejam se iniciar nas artes industriais. O Desenho Industrial no Brasil ainda está para ser feito e enormes possibilidades defrontam-se para todos aqueles que, dedicando-se a este ramo de atividades, saberão acompanhar o espírito nitidamente contemporâneo de nossa época adaptando as mesmas linhas estéticas das artes puras, as assim chamadas artes aplicadas, e criando uma correspondência de valores estéticos entre umas e outras de forma que a atividade das primeiras não continue desprendida das necessidades e utilidades diárias da vida prática, mas engendre uma visão de conjunto harmoniosa de todas as artes dentro de uma concepção orgânica. Assim sendo, decidiu o Museu criar um Instituto de Arte Contemporânea que funcionará com caráter essencialmente didático, destinando-se a formar técnicos em assuntos como cerâmica, artes gráficas, tecelagem, metais, mobiliário, bordados, esmaltes, jardinagem, desenho, pintura e plástica em geral adaptados para fins industriais... Não visa a escola criar artistas, mas sim orientar os jovens com uma preparação técnica e artística bem dirigida, no sentido de dar-lhes a possibilidade de trabalhar, criar e contribuir para o incremento da indústria em geral dentro de um espírito e um gosto apuradamente contemporâneos (BARDI, manuscritos s/d, MASP).

SURGE A ESCOLA DE DESIGN

No mesmo documento, Bardi relaciona a lista de pessoas que farão parte da congregação da escola: Lasar Segall (presidente), Eduardo Kneese de Melo, Roberto Burle Marx, Lina Bo, Oswaldo Bratke, Rino Levi, Gian Carlo Palanti, Elizabeth Nobiling, Alcides da Rocha Miranda, P.M. Bardi, Thomaz Farkas e Jacob Ruchti.

Do primeiro Instituto de Arte para a Escola de Desenho Industrial, houve uma mudança radical. *A ideia, agora, é formar técnicos com formação artística bem dirigida*, apesar de Bardi falar de *uma visão de conjunto harmoniosa de todas as artes dentro de uma concepção orgânica*.

A composição do grupo que deveria fazer parte da congregação do Instituto reduziu-se bastante e manteve-se no âmbito das artes plásticas e da arquitetura. Aí estão oito arquitetos (Kneese de Melo, Marx, Lina Bo, Bratke, Levi, Palanti, Rocha Miranda e Ruchti), dois artistas plásticos (Segall e Nobiling) e um fotógrafo (Farkas), além do próprio Bardi.

No texto que estabelece o programa da nova escola, Bardi faz uma declaração de princípios e intenções:

> *O IAC surge com a finalidade de colocar à disposição dos jovens uma escola e um centro de atividades, onde se estudam e divulgam-se os princípios das artes plásticas em favor da coletividade e em absoluta coerência com a época. Um grupo de arquitetos, artistas e técnicos persuadidos da necessidade dessa iniciativa reuniu-se com o objetivo de trabalhar nessa escola rigorosamente disciplinada e orientada numa base didática, visando: formar jovens que se dediquem à arte industrial e se mostrem capazes de desenhar objetos nos quais o gosto e a racionalidade das formas correspondam ao progresso e à mentalidade atualizada, aclarar a consciência da função do desenho industrial refutando a fácil e deletéria reprodução de estilos e o diletantismo decorativo; ressaltar o sentido da função social que cada projetista, no campo da arte aplicada, deve ter em relação à vida. Em uma palavra, o IAC, solicitando a colaboração definitiva da indústria, deseja incrementar a circulação de ideias novas, de novos empreendimentos no campo estético, erroneamente considerado "torre de marfim" para iniciados, generalizando o mais possível as conquistas da arte, da tradição e da cultura (BARDI, manuscritos s/d, MASP).*

E estabelece o novo programa da escola que tem, novamente como na Bauhaus, um curso preliminar (obrigatório), cursos especializados (de livre escolha) e cursos complementares (facultativos).

O curso preliminar ensinaria matemática (álgebra, geometria, geometria descritiva), perspectiva, desenho a mão livre e composição, compreendendo: plano, cor e luz, espaço, elementos básicos de desenho em duas dimensões, elementos básicos da forma tridimensional, modelagem e construções experimentais. Também traria conhecimento dos materiais, métodos e máquinas com aulas de materiais, contato e pesquisa e técnicas de trabalho e métodos de produção.

Além disso, o curso preliminar deveria ensinar elementos culturais com aulas de história da arte, elementos de arquitetura, sociologia e psicologia.

Os professores seriam todos os membros da Congregação, mais Rudolf Klein e Clara Hartoch (Klara Hartok). Rudolf Klein era proprietário da gráfica que imprimia a revista *Habitat*. E Klara Hartoch era a professora de tecelagem do Museu e do IAC.

Embora apoiado no *Vorkurs* da Bauhaus, o IAC inovou ao introduzir sociologia, psicologia, além de matemática e mesmo história da arte em seu currículo.

Fica patente o esforço do dirigente do MASP, para quem não bastava criar um lugar sagrado, depositário do fazer artístico, mas fazer da arte uma experiência que tivesse papel social relevante, influindo no modo de produzir e, portanto, transformando a elite.

Segundo texto publicado no *Diário de São Paulo*, em 1950,

O Museu de Arte, nos seus dois anos de atividade, tem dado provas concretas de uma orientação eficiente no terreno da educação artística do povo, correspondendo, dessa maneira, à confiança daqueles que realmente pretendem servir a nossa cultura.... Sempre foi desejo do Museu fugir das normas tradicionais que fazem das organizações congêneres meras galerias de exposições mortas e pouco visitadas. Sempre foi seu desejo transformar a obra de arte em instrumento de riqueza íntima de um povo; transformar, enfim, aquilo que foi produto das culturas mais longínquas em motivo de reflexão e de participação na vida moderna; baixar os quadros das paredes; colocá-los na alma do povo para maior garantia de um autêntico patrimônio artístico (Diário de São Paulo, 15 jun. 1950).

Em 1950, o Museu abriu as inscrições para o curso e o anunciou nos jornais dos Diários Associados. Ao longo de 1950 também a Congregação se reuniu e o curso foi debatido pelo quadro de professores. As inscrições ocorreram ao longo de 1950.

Inscreveram-se no curso cerca de 200 jovens[15]. Ao cotejar a lista de inscrição com o diário de classe também encontrado nos arquivos do MASP, percebe-se que há dez nomes de alunos (quase metade da turma) que não constam da lista de inscritos.

---

15 Há três listas de inscrição do IAC guardadas no arquivo do MASP, duas datilografadas e uma manuscrita, nenhuma delas com data.

Os alunos selecionados foram Carlos Krebs, Marion Liane Lodi, Alexandre Wollner, Ellen Pennings, Carlos Caldas Cortese, Maria da Gloria Leme, Antônio Maluf, Vivaldo W. F Daglioni, Emilie Haidar, Pedro João, Antônio Bruno, Lauro Pressa Hardt, Mário Trejo, Maurício N. Lima, Fausto Machado Cardoso, Virginia Bergamasco, Luiz Sadaki Hossaka, José Carlos F. Oliveira, Ludovico Antonio Martino, Irene Ivanovsky, Yone Maria Oliveira, Isolde Braus e Lygia Fleck.

Em 1951, abriram-se as inscrições para a segunda turma da escola. Novamente, há nomes que não constam da lista de inscrições, como os de Estella Aronis, Aparício Basílio da Silva e Attilio Baschera. Essa discrepância entre listas oficiais e participação efetiva no curso se explica pelas diferentes formas como eram feitas as admissões no IAC. Para ser admitido no Instituto de Arte Contemporânea, era preciso passar por uma entrevista. Alexandre Wollner, Emilie Chamie (na época, Emilie Haidar, nome de solteira) e Luiz Hossaka submeteram-se a esse procedimento, depois de ter visto um anúncio da abertura do IAC nos jornais.

O "vestibular" para o Instituto não foi o único critério de admissão dos estudantes. Ludovico Martino, por exemplo, trabalhava no escritório de arquitetura do primo Plínio Croce, sócio de Roberto Aflalo. Não tinha formação nem orientação precisa sobre o que fazer e aprendeu desenho técnico no escritório de arquitetura. *Fui mandado para o IAC por meu primo, não fiz exame de admissão, entrei direto*, conta.

Irene Ivanovsky Ruchti entrou no IAC a convite de Assis Chateaubriand. Ela se formara no Instituto de Belas Artes de Porto Alegre, em 1950, e fizera parte de uma comissão de formatura que veio a São Paulo convidar Chateaubriand para paraninfo dos formandos. Chatô deu bolsa de estudos a todos da comissão[16].

Também Estella Aronis, aluna da segunda turma do IAC (que começou o curso em 1952), conta que sua entrada no IAC não foi canônica. Bardi viu seus desenhos expostos no Museu, onde ela fazia aulas de gravura e desenho, e imediatamente convidou-a a ingressar no IAC. Estella se submeteu a uma prova de conhecimentos gerais.

Pode-se ver que a escolha, realizada por exame formal ou por indicação, tinha um objetivo claro: fazer uma seleção com base na aptidão dos alunos. A Bauhaus também instituiu essa espécie de procedimento, assim como o Institute of Design de Chicago e a escola de Ulm[17]. Para a primeira turma foram selecionados 23 alunos, segundo o registro da lista de chamadas.

---

16 Os colegas de Irene na comissão eram Carlos Krebs, Yone Maria de Oliveira, Isolde Braus.

17 Alexandre Wollner foi indicado para Ulm por Bardi sendo recomendado a Max Bill. Geraldo de Barros fora convidado diretamente por Bill. Outros brasileiros a estudar em Ulm foram o carioca Almyr Mavignier, Jorge Bodansky, Ilsa Noeira da Cunha, Yedda Pitanguy, Günter Weimer, Mario Giraldo Zocchio e as irmãs Frauke e Elke Koch-Weser, além de Mary Vieira. Essa relação está no trabalho de Sílvia Fernández (2006, p. 4).

O curso do IAC começou em 1º de março de 1951, e sua inauguração coincidiu com a abertura da exposição de Max Bill no MASP, que vinha sendo preparada havia mais de um ano[18]. A mostra de Bill e a inauguração do IAC só foram noticiadas nos jornais dos Diários Associados. No entanto, impressionaram fortemente os alunos. Alexandre Wollner conta: *quando veio a exposição do Max Bill, em 1951, ajudei a montá-la com o Flávio Motta e aí entendi o que era design, arte para 1 milhão de pessoas.*

Sem designers de formação, o curso contou com arquitetos, artistas, produtores gráficos para realizar seu programa. É curioso observar que Bardi expandiu, com os recursos que tinha em mãos, a área de conhecimento do curso.

A seguir, vai transcrito o livro de chamada dos cursos regulares:

LIVRO DE CHAMADA
Cursos regulares de Instituto de Arte Contemporânea. Museu de Arte.

PROFESSOR	MATÉRIA	DATA
P. M. Bardi	História da Arte	março, abril, maio e junho de 1951
Oswaldo Bratke	"Materiais"	março de 1951
Lina Bo Bardi	"Elementos de Arquitetura"	março, abril, maio e junho de 1951
Roberto Sambonet	Desenho a mão livre	março, abril e maio de 1951
Mansueto E. Koscinski e R. Bastide	Seminário	março de 1951
Jacob Ruchti	Composição	março, abril e maio de 1951
André Osser	Representação Gráfica	março, abril, maio e junho de 1951
Roger Bastide	"Seminário" (sociologia 2)	março e maio de 1951
Oswaldo Bratke e Dudus Zaltan	"Materiais"	março de 1951
Oswaldo Bratke	"Materiais"	março e junho de 1951

Por meio desse registro, vemos que André Osser, nome do qual apenas Alexandre Wollner se lembra como alguém ligado à produção gráfica dos jornais dos Diários Associados, foi professor de representação gráfica. Outro profissional de cujos conhecimentos se valeu Bardi foi o botânico Mansueto Koscinski, que deu

---

18 Nos arquivos do MASP, encontra-se a correspondência trocada entre Bardi e Bill que se estende de dezembro de 1949 até julho de 1952. Há controvérsias sobre a data de inauguração da exposição de Max Bill no MASP. Na lista de atividades do Museu, publicada por Bardi em 1992 (BARDI, 1992, p. 162), a mostra tem data de 1950. No entanto, o exame da correspondência de Bardi e Bill, que se encontra nos arquivos do MASP, indica sua inauguração em 1º de março de 1951. Tenho visto em escritos diversos menções à vinda de Bill ao Brasil em 1951, o que não ocorreu.

Entrevista de seleção de alunos para o IAC. Acervo fotográfico da Biblioteca e Centro de Documentação do Museu de Arte de São Paulo Assis Chateaubriand – MASP.

seminários sobre madeiras, aproveitando a espetacular coleção de mostras de espécies brasileiras mantidas no horto florestal, onde trabalhava.

Roger Bastide lecionava na USP nesse período[19] e ministrou seminários de sociologia. Dudus Zaltan (ou Zoltan Dudus) é nome que surge na lista de alunos inscritos no IAC. Ele não foi selecionado e se tornou assistente de Oswaldo Bratke[20].

No entanto, muitos dos depoimentos citam professores regulares ou ocasionais do IAC, que não estão no livro de chamadas. Leopold Haar é um deles, assim como Flávio Motta, o arquiteto Salvador Candia (que atuou como professor assistente do arquiteto Jacob Ruchti), o arquiteto Roberto José Tibau, os artistas Carlos Nicolaiesky, Gastone Novelli, Bramante Buffone, Poty Lazzaroto, Aldemir Martins, Renina Katz, Giselda Leirner, Mario Cravo, Wolfgang Pfeiffer e Thomas Farkas. Os cinco últimos davam cursos livres no Museu. Além desses, mencionados pelos alunos, o sociólogo Gilberto Freyre foi um dos conferencistas no Instituto de Arte Contemporânea.

Irene Ruchti é a única ex-aluna do IAC que guardou registros de conteúdo de curso, um portfólio de seu marido, o arquiteto Jacob Ruchti, professor do Instituto, onde está todo o programa do curso de composição. A apostila se baseia na obra

---

19 A respeito de Bastide e sua inserção na sociedade brasileira, ver o trabalho de PEIXOTO, 2000. O Centre d'Études Bastidiennes – BASTIDIANA mantém em seu site relação de todos os artigos de Roger Bastide, ano a ano. Não encontrei nenhum título alusivo ao IAC, a design ou área correlata. <http://www.unicaen.fr/mrsh/lasar/bastidiana/ARTICLES.html>, acesso em 17 out. de 2005.

20 Guilherme Mazza Dourado e Hugo Segawa mencionam o assistente de Bratke como uma espécie de "'consciência crítica' do arquiteto", de quem cobrava "solução melhor quando entendia que a resolução não estava satisfatória" (DOURADO; SEGAWA, 1997, p. 42).

Ponto e linha sobre plano de Wassily Kandinsky e foi organizada em agosto de 1951 por Lauro Prêssa Hardt. Alguns dos trabalhos dados em classe por Ruchti foram publicados na *Habitat* e mostram grande similaridade com os exercícios propostos por Kandinsky[21].

Bardi era professor e grande animador do curso. Ele admirava igualmente os heróis do design europeu, Peter Behrens, Max Bill, Alvar Aalto, Moholy-Nagy, Walter Gropius, Frank Lloyd Wright e também Raymond Loewy, representante do chamado *styling* norte-americano. Atualizada, mantendo contato com algumas das escolas norte-americanas de design, que haviam acolhido ex-bauhausianos, a direção do IAC assinava revistas como a *Look;* a *Fortune;* a *Arts and Architecture*, de Paul Rand, a argentina *Nueva Visión*, de Tomás Maldonado. Entre os autores, circulavam Lazlo Moholy-Nagy, especialmente seu livro *Vision in Motion*; Vance Packard, Lewis Mumford, Kandinsky, Gropius e Sigfried Gideon. Uma introdução à semiótica, com base em Charles Peirce, teria feito parte do programa, a partir das aulas de Bastide, assim como a leitura de Marshall MacLuhan, provavelmente *The mechanical bride: folklore of industrial man*, lançado em 1951.

O IAC era, portanto, um ambiente sintonizado com o que acontecia nos Estados Unidos e que, embora relacionado com o chamado alto modernismo europeu, não negava as práticas dos consultores norte-americanos de design. Graças às aulas do IAC, os alunos ouviam falar da IBM e da Olivetti, marcos do design do período.

Flávio Motta conta que Bramante Buffone e Gastone Novelli deram aulas no IAC. Buffone justapunha fotos comparando fenômenos da natureza com máquinas. *Foi por meio dele, diz Motta, que entrei em contato, pela primeira vez, com a biônica. Ele demonstrava como o movimento dos dedos, ao datilografar na máquina de escrever, se assemelhava ao movimento dos pássaros quando bicam as frutas e flores.*

Houve contato do MASP com a Bienal de Veneza. Giò Ponti, com quem Lina Bo trabalhara em Milão, veio a São Paulo e fez palestras nas quais falou sobre o desenvolvimento das cadeiras, entre outros temas, insistindo nas diferenças entre artes decorativas e design.

O IAC não conseguiu implementar totalmente o programa a que se propôs. Faltaram as disciplinas de matemática, de psicologia[22] e, sobretudo, as oficinas específicas. Bardi promoveu aproximação do curso de desenho industrial com iniciativas na moda, trazendo ao Museu desfiles de moda da *maison* Christian Dior e incentivando a criação de moda própria. Além disso, inaugurou a escola de propaganda no mesmo ano da abertura do curso de desenho industrial.

---

21 Na dissertação de mestrado que dá a base desse livro está reproduzida a apostila de Ruchti.

22 A não ser que se considere que Bastide dava aulas de psicologia em seus seminários.

Apesar de diversas declarações de intenções de formar um curso herdeiro da Bauhaus Dessau e do Institute of Design de Chicago, o IAC construiu uma visão bastante distinta dessas escolas. Mas essa discussão será feita mais à frente, no Capítulo 2.

OFICINAS, EXPERIÊNCIAS PRÁTICAS

As oficinas do IAC foram anunciadas em documentos internos da escola e em várias das matérias publicadas nos órgãos dos Diários Associados. A existência das oficinas reafirma a derivação que o IAC teve da Bauhaus e do Instituto de Design de Chicago.

Certamente, os alunos do IAC – e vários reiteraram isso – faziam uso do laboratório de fotografia do MASP, coordenado por Geraldo de Barros, e tiveram aulas com Thomas Farkas. Uma oficina de trabalho prático que também é unânime é a de tecelagem. Segundo Flávio Motta, havia dois teares, um vertical e um horizontal. Irene Ruchti, por exemplo, lembra que a professora de tecelagem, Klara Hartoch, trabalhava com algodão, ráfia, lã, teares para tecidos coloridos, cordões com nós. E realizava tecidos especiais que os alunos ajudaram a desenvolver, como aquele de algodão e ráfia, feito para um vestido de noite de Lina Bo Bardi. Em princípio, os teares não interessaram aos alunos homens do IAC, apenas as mulheres fizeram referência à prática de tear.

Além da tecelagem, praticava-se estamparia em tecidos. Outra unanimidade era o ateliê de gravura. Ele funcionava de forma independente do IAC. Os professores eram Poty Lazzaroto, Mário Cravo, Renina Katz e Aldemir Martins. Havia ainda as oficinas de metal e madeira, nas quais era possível construir modelos e maquetes.

Assim como nos relatos da Bauhaus e das escolas de design de Chicago nas gestões de Moholy-Nagy e de Serge Chermayeff, o que se depreende das lembranças dos ex-alunos do IAC é que o ambiente era de grande liberdade, muito trabalho, muita proximidade entre professores e alunos e acesso às palestras das personalidades que visitavam o museu. O edifício de Jacques Pilon, na rua 7 de abril 230, era uma espécie de segunda casa para os alunos do IAC, que ajudavam a montar exposições, desembalavam obras de arte, conheciam os visitantes ilustres que chegavam.

As atividades didáticas do MASP não esperaram que as instalações físicas estivessem prontas. Logo após sua abertura, os cursos e os painéis didáticos ocuparam as salas, como contou Flávio Motta. Mas o IAC teve suas instalações planejadas. A notícia do *Diário de São Paulo* faz uma descrição do ambiente:

As instalações do IAC

Como dissemos, o I.A.C. funcionará no 4º andar do Museu de Arte. Visitamos suas instalações ontem à tarde, quando se ultimavam os pormenores de acabamentos. Salas claras, ordenadas funcionalmente, com todos os elementos necessários à instalação de uma moderna escola de arte. Encontram-se as prensas e as máquinas de gravura na sala destinada à gráfica; os teares na sala Têxtil, as mesas de desenho na ampla instalação para as aulas de Desenho.

Pela primeira vez, uma escola de arte no Brasil se apresenta com todos esses fatores, reunidos, sob um espírito moderno, atualizando para benefício da coletividade paulistana, por iniciativa que não conta com qualquer apoio oficial, o ensino das artes ligadas à vida contemporânea (Diário de S. Paulo, 28 fev. 1951).

A oficina de maquetes do IAC. Acervo fotográfico da Biblioteca e Centro de Documentação do Museu de Arte de São Paulo Assis Chateaubriand – MASP. Fotografia: Peter Scheier.

Estão presentes nos textos acima as ideias de ordem e racionalidade do movimento moderno ("salas claras e ordenadas"). Também são citadas as máquinas e as mesas de desenho de forma a sugerir um estúdio muito mais industrial do que artesanal, o que não era fato, já que nos cursos de desenho copiavam-se obras de arte ou desenhavam-se modelos vivos; os teares eram manuais. Mas a descrição conotava um ambiente industrial asséptico.

Também se pode ver nas descrições da escola que há uma grande preocupação em distinguir o artesanato da indústria. Como se o fazer artesanal implicasse, por si próprio, a extrema ornamentação, característica dos "horrores" tão divulgados da produção apresentada na Exposição Industrial de 1851, na Inglaterra.

Os ex-alunos do IAC referem-se com ênfase à experiência prática que tiveram. Segundo Estella Aronis, uma das mais gratificantes foi a decoração do Baile dos Artistas que se realizava no Museu. *Cada aluno fazia seu painel de 3, 4 metros; trabalhávamos sobre essas grandes áreas que depois eram montadas no salão.*

Vários ex-alunos comentaram os exercícios em que desenharam as marcas das empresas Cristais Prado e Lanifício Fileppo. Para o Lanifício, alguns deles se recordam de terem desenvolvido marcas para a casimira Kedley.

Wollner comenta do trabalho de realizar vitrines para o Mappin, trabalhando com Alex Periscinotto, diretor de propaganda da loja. Ele estagiou, indicado por Bardi, no escritório de Charles Bosworth – uma filial do escritório de Raymond Loewy em São Paulo. E também na agência de publicidade McCann Ericsson, a partir do IAC.

Estella Aronis foi indicada por Osvaldo Bratke para trabalhar na loja de Joaquim Tenreiro, antes de cursar formalmente o IAC, mas quando já frequentava aulas no Museu. Durante o curso no IAC, Aronis fez, com outros alunos, um curso rápido com Luisa Sambonet – esposa de Roberto Sambonet, que organizou o primeiro desfile de moda brasileiro. Desse curso saiu a padronagem de antúrios para a empresa Matarazzo Boussac (grupo francês ligado à grife Dior, de alta costura, associado à tecelagem Matarazzo), com a ideia clara de criar uma moda brasileira, sem cópias[23].

---

23 Na revista *Habitat* número 9, Luisa Sambonet escreve sobre a necessidade de criar moda compatível com o "progresso" e ressalta o papel dos industriais que colaboraram com o Museu: "Entretanto, o mundo moderno pede um outro estilo de mulher. O progresso, com suas exigências de extrema simplicidade, num esforço constante, dirigido num sentido cultural, irá reduzir os elementos do vestuário feminino ao essencial. A mulher será requintada, entre rígidos limites da pureza. (...) Entretanto, por uma questão de honestidade devemos assinalar uma exceção: um antúrio estilizado, uma flor bem nossa, bem brasileira, que nunca vimos reproduzida e que, assim aconteceu, foi uma homenagem à flora nacional. Sambonet, com a maioria de modelos de vestidos, sapatos, tecidos, Burle Marx, com seus inconfundíveis desenhos; Lilli Corrêa de Araujo, com seus linhos de inspiração marajoara; Carybé, com

Essa experiência de Luiza Sambonet traduzia o desejo de Bardi de fazer a aproximação das indústrias com a escola, objeto recorrente de suas falas e de seus artigos. Bardi não estava preocupado com os aspectos formais da escola, diploma etc., mas com a preparação dos alunos. Ele alimentava muitas esperanças e fazia catequese da necessidade de relacionamento entre escola e indústria:

A indústria brasileira que tenciona colocar-se num plano internacional deve considerar com seriedade esse problema, confiando-o a quem provou e vem provando saber encará-lo. Nessa situação, talvez a primeira exigência – que, no entanto, não parece ainda poder ser considerada com otimismo – seria a de estabelecer uma grande escola, preparando assim para essa tarefa uma geração de jovens artistas. Entretanto, não se trata de uma escola de artesanato que é sempre uma manifestação artística quase que familiar ou, em todo caso, uma produção excêntrica. A indústria não pode trabalhar com os moldes do artesanato: os resultados dessas experiências foram cópias indecorosas, não correspondendo em geral às exigências do custo e do material. O que é preciso é uma escola nacional de desenho industrial, capaz de formar artistas modernos. Modernos no sentido de conhecer os materiais, suas propriedades e possibilidades e, portanto, as formas úteis e expressivas que requerem. Novas ligas metálicas, materiais plásticos, sintéticos, estão paulatinamente substituindo os velhos materiais, madeira bronze, barro. Transferir as formas que dignificam os grandes materiais do passado significa traí-las. E continuando pelo caminho antigo, não será possível encontrar o novo. Desde tempos estamos repetindo: não formando, a própria indústria, seus novos artistas, não conseguirá basear-se sobre alicerces firmes e apropriados (Habitat, n. 9, p. 86).

Bardi insistia na estética industrial, no "decoro" na forma dos produtos industriais. Havia traços éticos nesta beleza da era mecânica. Para ele, a *beleza estética de uma geladeira pode servir de exemplo a fim de esclarecer o nosso pensamento* (Habitat, n. 8, p. 90).

---

suas figuras de "macumba" a reviver a arte popular bahiana; Lina Bardi, com sua aplicação de pedras brasileiras, criou uma série de joias absolutamente novas. São esses os nomes que abrem a lista, que sem dúvida alguma será longa, dos artistas brasileiros que irão trabalhar para a moda brasileira.

Klara Hartoch está industrializando a sua produção de tecidos à mão, servindo-se da sua grande experiência num campo tão difícil. Gabriela Pascolato desafia a fama do tecido francês em seda pura. As firmas S. A. Ribeiro, Industil S. A., Lutfalla colaboram com o Museu de uma forma notável, num esforço de criação e técnica. Seria difícil transcrever aqui todos os nomes daqueles que auxiliaram o Museu nesse empreendimento." (Habitat, n. 9, p. 66).

O diretor do Museu tinha grandes esperanças de conseguir aproximação do IAC com as indústrias paulistas. Sua expectativa era que as empresas apoiassem a escola, por verem nela grande fonte de mão de obra especializada. Ele tentou estabelecer essa aproximação com várias firmas, mas conseguiu muito pouco. Nem mesmo a Arno, cujo dono era amigo pessoal de Bardi, deixou que os alunos do IAC visitassem a empresa[24].

O universo de empresas capazes de colaborar com o IAC se restringia, talvez, aos anunciantes da *Habitat*. Até o número 14 da revista, de janeiro de 1954, anunciaram na revista mais de 250 empresas e prestadores de serviços.

De todos eles, apenas a Lanifício Fileppo e a Cristais Prado se aproximaram da escola e, mais tarde, ambas as empresas se engajaram em projetos modernos, desenvolvidos no Brasil. O Lanifício Fileppo colaborou na construção de padrões dos Móveis Branco e Preto, conforme mostrou Marlene Acayaba em seu livro *Branco e Preto* (ACAYABA, 1994). E a Cristais Prado, segundo depoimento de Julio Katinsky, convidou, por volta de 1951-1952, Oscar Niemeyer para desenhar peças. Marjorie Prado, esposa americana de Jorgito Prado, era uma mulher culta e tinha interesse em modernizar a empresa, ou, ao menos, o desenho de suas peças[25].

Das outras empresas que anunciaram na revista *Habitat*, há grandes anunciantes como a Antarctica, a Air France, bancos. Há pequenas empresas moveleiras cuja produção é pautada pelo projeto moderno, como Joaquim Tenreiro, Móveis Zanine, Teperman, Branco e Preto, Ambiente, Artesanal[26]. E também as Indústrias "Cama Patente – L. Liscio" AS e serviços profissionais, como do próprio Leopold Haar, e dos vitrais de Conrado Sorgenicht.

Entre os anunciantes da *Habitat*, figuram fornecedores de arquitetos e construtores como fabricantes de tintas, persianas, lustres, cerâmicas, assoalhos de madeira, móveis e cofres, entre outros. Encontram-se nas páginas da revista indústrias que, muitos anos mais tarde, adotariam o design como elemento estratégico de sua gestão, como é o caso dos Plásticos Hevea, pertencentes ao grupo empresa-

---

24 Informações dadas por Luiz Hossaka.

25 Foi ela também que convidou Charles Bosworth, representante do escritório do designer franco-norte-americano Raymond Loewy no Brasil, para realizar o projeto de loteamento na cidade de Guarujá.

26 Alguns desses empreendimentos já foram estudados nas obras já citadas de Maria Cecilia Loschiavo dos Santos (1993) e Marlene Acayaba (1994). Os Móveis Z mereceram trabalho de Alexandre Penedo, *Móveis artísticos Z* (1948-1961) (2001). Referências da trajetória da Teperman estão em LEON, Ethel, *Memórias do Design Brasileiro* (2009). Referências a ambiente de Léo Seincman, a móveis artesanais e à forma estão em meu livro *Design Brasileiro, Quem Fez, Quem Faz* (2005).

rial Forsa, que compraria, anos depois, a empresa L'Atelier, de Jorge Zalszupin[27]. E ainda empresas norte-americanas, montadoras dos chamados bens de consumo duráveis, como eletrodomésticos (General Electric, General Motors do Brasil, Frigidaire, Philco) e também a Ford e o distribuidor de carros Studebaker. Há ainda fabricantes nacionais de eletrodomésticos, como Geladeiras Prima, Walita e Arno.

Existem, portanto, dentre os anunciantes da *Habitat*, inúmeras empresas de bens de consumo que poderiam ter se tornado clientes de formandos do IAC. No entanto, anunciar na revista não significava adesão a seu programa cultural. Tanto é que figuram, entre os anunciantes, decoradores com o perfil que Bardi atacava constantemente nas páginas da revista, cujas fotos mostram ambientes historicistas e ecléticos.

Sem apoio de empresas interessadas em convênios, o IAC contou com recursos dos Diários Associados para mantê-lo. No entanto, os próprios Diários Associados formavam seu patrimônio com *recursos de terceiros*, nas palavras de José Carlos Durand (DURAND, 1989, p. 122).

Ao ser anunciado nos jornais, eram divulgadas também as mensalidades:

Curso preliminar Cr$150,00

Curso secundário Cr$200,00

No entanto, muitos dos ex-alunos declararam-se ex-bolsistas e vários dentre eles disseram que boa parte dos alunos também não pagava pelos cursos.

Mas o poder público foi chamado a colaborar. Segundo Hossaka, *a prefeitura dava alguns subsídios para pagar funcionários e estrutura dos cursos livres, mas esses subsídios atrasavam e o curso era muito caro. O MASP pagava muito bem aos professores.*

O FECHAMENTO DO IAC

O IAC – o curso de desenho industrial do IAC – fechou no final de 1953, com os alunos que restavam das turmas de 1951 e 1952 reunidos numa só classe. O quarto ano da primeira turma seria realizado em 1954 e dedicado a um projeto, espécie de trabalho final orientado. Isso não ocorreu. Havia, então, cerca de 5 a 10 alunos, segundo Wollner. Várias são as explicações para o fechamento da escola.

---

27 Ao vender a empresa, Zalszupin tornou-se espécie de diretor de arte do Grupo Forsa, montou equipe de designers e projetou concomitantemente para L'Atelier, Hevea, Ferrragens Brasil e Computadores Labo, todas empresas do Grupo. Mais detalhes sobre essa experiência ímpar no campo do design de objetos pode ser encontrada em LEON, Ethel. *Memórias do design brasileiro* (2009).

Bardi se queixou da falta de apoio financeiro e operacional das empresas, do governo. *A escola de design não completou seus três anos. O Convênio com a prefeitura de São Paulo foi insuficiente para garantir as verbas* (LEON, 2009).

Houve também um problema com o prédio, descrito por Luiz Hossaka: *Não podíamos ficar nos Diários Associados, prédio comercial, onde já houvera vários incêndios.*

No entanto, é o próprio Hossaka que corrige: *Mas o curso de design fechou antes disso, porque o Bardi percebeu que não haveria emprego nem para 5 designers.* Flávio Motta comentou a respeito do fechamento da escola: *Se o IAC fosse para continuar, a Lina teria continuado...*

É sintomático que a Escola Superior de Propaganda do Museu[28] tenha deslanchado e exista até hoje, transfigurada na Escola Superior de Propaganda e Marketing, enquanto disciplinas de aspectos do design só tenham sido instituídas em 1962, na Faculdade de Arquitetura e Urbanismo da Universidade de São Paulo.

Para Bardi, design e propaganda eram atividades correlatas e foi muito decepcionante para ele ter de cerrar as portas do IAC.

> *Agora, para reentrar no caminho que dimensionará esta minha nova excursão, ponho-me a discursar focalizando o design. Também nesse campo ofereço uma modesta competência por ter aberto, como já disse, a primeira Escola da matéria no Brasil, nos idos de 1950. No mesmo ano, fundei a primeira Escola de Propaganda, a mesma que hoje se denomina Escola Superior de Propaganda e Marketing, disciplinas que guardam um certo parentesco entre si, como bem veremos ao longo das páginas deste livro.*
> *No design muitas são as tarefas. Basta pensar em gráfica, fotografia, moda, cenários e comerciais de TV, e quantas outras atividades. Um conjunto de apreciável quantidade valorizada pelo publicitário, a ser considerado como um comunicador visual* (BARDI, 1986, p. 14, 16).

---

28 A Escola de Propaganda foi levada para a FAAP em 1972, juntamente com as prensas de litografia, os teares utilizados por Klara Hartoch, que ficaram nas mãos de dois artistas que faziam tapeçaria. Mesas de desenho também foram para a FAAP, segundo Flávio Motta, que completou: "Ciccilo puxou o tapete e nos tirou de lá em uma semana". Tentei descobrir o destino dos arquivos do IAC na FAAP e fui informada pela bibliotecária-chefe que nada existe lá a respeito.

02

FILIAÇÃO AO INSTITUTE OF DESIGN DE CHICAGO E À BAUHAUS DESSAU

A escola de desenho industrial do IAC proclamou, em diferentes documentos, sua descendência direta da Bauhaus-Dessau e do Institute of Design de Chicago, com a constante citação dos nomes de Walter Gropius e de Lazlo Moholy-Nagy. Os documentos disponíveis do IAC não citam o período da Bauhaus Weimar nem tampouco os períodos de direção de Hannes Meyer e de Mies van der Rohe na escola alemã.

> *Surgiu então a famosa "Bauhaus" com Gropius, Breuer e outros, a escola de desenho industrial criadora de inúmeras soluções novas que hoje nos são familiares como as cadeiras de tubo de aço, móveis de aço etc. Depois os americanos continuaram e desenvolveram essa experiência no conhecido Institute of Design de Chicago, chefiado por Moholy-Nagy, ex-professor da Bauhaus... Todas essas iniciativas não podem passar ignoradas no Brasil, principalmente em São Paulo, grande centro industrial. Hoje a arte não pode mais ser vista como especialidade de um grupo fechado. Ela tem que ir ao encontro dessa transformação da fisionomia do mundo feita pela indústria e nas mesmas proporções (Diário de São Paulo, 8 mar. 1950).*

Ou, no dizer de Jacob Ruchti:

> *O curso do I.A.C. em São Paulo é uma adaptação às nossas condições e possibilidades do célebre curso do Institute of Design de Chicago, dirigido pelo arquiteto Serge Chermayett (sic), e fundado em 1937 por Walter Gropius e Moholy-Nagy como uma continuação do famoso Bauhaus de Dessau... O I.A.C. representa portanto em São Paulo – de uma maneira indireta – as principais ideias da Bauhaus, depois de seu contato com a organização industrial norte-americana* (RUCHTI, 1951, p. 62).

Pode-se imaginar algumas hipóteses para essas referências tão precisas a Dessau. A primeira delas seria um desejado afastamento da ideologia de Bauhaus Weimar e sua ideia de comunidade de artistas baseada em ideais místicos e próxima ao expressionismo de Johannes Itten e do próprio Walter Gropius de então. O primeiro manifesto de Gropius na fundação da escola, ilustrada pela catedral gótica de Lyonel Feininger, fazia uma alusão direta e inequívoca ao pensamento do Arts and Crafts. Talvez esse modelo de escola não interessasse ao diretor do MASP, difusor da arquitetura moderna e certamente afastado do expressionismo alemão.

E talvez o que aproximava o IAC da Bauhaus Dessau e do Institute of Design de Chicago não seriam tanto os métodos pedagógicos de Moholy-Nagy, mas uma orientação tida como mais próxima das empresas, portanto, mais ligada à racionalidade e disciplina do mundo industrial e afastada das comunidades de artistas/artesãos.

A Bauhaus que interessava ao IAC é aquela já decantada nos Estados Unidos e harmonizada com as necessidades do grande capital. Desse modo, ficariam excluídas do IAC as vertentes "utopizantes" do Arts and Crafts, presentes na Bauhaus, expressas principalmente no pensamento de William Morris, para quem todo trabalho feito com prazer é arte. A Bauhaus, escola de arquitetura e design fundada como instituição de base moral, indissociável de uma visão de mundo social-democrata, parece afastada do ideário do IAC.

Para Gropius, conforme Argan, *"a arte é modo perfeito"* (1988). Argan diz que Gropius queria ensinar a classe dirigente a produzir bem e para isso era preciso preparo técnico. Segundo Argan, ainda, a fundação da Bauhaus para Walter Gropius era uma tentativa vital de reformar a classe dirigente alemã. E talvez fosse esse o intuito de Bardi com o IAC. No entanto, se Gropius desejava uma reforma de cunho social-democrata dos dirigentes alemães, Bardi almejava apenas a uma mudança de padrão cultural. É importante não esquecer que Bardi "namorou" o fascismo e este se apresentava como alternativa ao capitalismo americano.

O ideário de Gropius, ainda segundo Argan, visava individuar e potencializar os centros da sensibilidade do homem social. Pode-se dizer que Bardi comungava desse ideário ao assinalar que

Agora, com a próxima instalação do Instituto de Arte Contemporânea, estará o Museu em condições de enfrentar um dos problemas mais palpitantes da arte no mundo atual, qual seja colocar os modernos métodos de produção a serviço da divulgação em grande escala de objetos que representam a formação dos princípios da arte contemporânea. Na realidade, a industrialização constitui um aspecto essencial do problema. É verdadeiramente uma espécie de "faca de dois gumes". Desorientada artisticamente, torna-se perniciosa, difundindo o mau gosto, criando, pelas suas incoerências, o caos. Compreendida não só como fator de conquistas materiais transitórias, ela pode servir ao desenvolvimento mental de um povo, tornar a vida moderna mais coerente, mais propícia à criação e menos "mecanizada". O objetivo do Instituto de Arte Contemporânea é justamente aclarar essa consciência, demonstrando em seus cursos que a máquina – considerada por muitos como escravizadora do homem – pode ser, hoje em dia, utilizada como elemento criador, e por isso mesmo de libertação (Diário de São Paulo, 15 jun. 1950).

Em um dos artigos de jornal guardados pela Biblioteca do MASP, lê-se:

empreendimento novo no Brasil, fugindo aos modelos totalmente superados das Escolas de Belas Artes, o Instituto de Arte Contemporânea é uma escola como somente existiram algumas na Alemanha e existem hoje na Suíça e nos Estados Unidos: uma escola mais adequada à realidade do mundo contemporâneo porque procura converter o produto industrial – aquele que é consumido em larga escala – num fato estético e ao mesmo tempo racional. Para atingir esse objetivo, o Museu de arte convidou para ministrar os cursos um grupo de artistas, arquitetos e técnicos, todos mestres de formação moderna, possuidores de uma consciência exata em relação aos problemas propostos (Diário de São Paulo, 13 fev. 1951).

O IAC, no entanto, tinha orientação mais ampla, muito provavelmente graças à formação de seu mentor, Pietro Maria Bardi que, em seus escritos sobre o IAC, aludia à Bauhaus Dessau ao mesmo tempo que falava do Institute of Design de Chicago, mas também de Raymond Loewy, segundo alguns ex-alunos. Bardi admirava Loewy, por seu trabalho em áreas tão distintas como o design de automóveis e o redesenho de embalagem de cigarros. Alexandre Wollner, Luiz Hossaka e Emilie Chamie narraram o entusiasmo de Bardi com o designer franco-americano autor da famosa fase "o feio não se vende". Luiz Hossaka conta da aula sobre Loewy:

Eu queria ser estilista de carros. Fui muito influenciado pela aula do professor Bardi sobre Raymond Loewy, via a importância do desenho bem planejado e isso me ajudou a formar essa ideia. O prof. Bardi mostrou o slide do Studebaker. Na época, todos os carros que circulavam no Brasil eram americanos, da Ford ou da GM. Com o trabalho do Loewy ficou claro o que era design – o Studebaker, o cigarro Lucky Strike e também o desenho dos trens.

Enquanto o Institute of Design de Chicago, nos períodos Moholy-Nagy e Serge Chermayeff, dava claro combate ao *styling*, no Brasil, um curso de desenho industrial reunia o que seria um anátema para a escola norte-americana e também a futura escola alemã de Ulm. Provavelmente, a admiração de Bardi por Loewy e pela estética industrial que dominou a cena norte-americana nos anos 1930 se deve aos laços plásticos que o *styling* teve com o futurismo italiano, admirado por Bardi.

O diretor do MASP empunhava a bandeira de uma atualização cultural dos industriais. Em nenhum momento de seu discurso sobre o IAC há qualquer referência a um caráter utópico do design, seu papel democratizador, bandeira que viria a ser empunhada pelos dirigentes da escola de Ulm e que era afirmada por Moholy-Nagy.

Em 1950, um ano antes do início dos cursos do IAC, Bardi escreveu cartas a várias instituições de design norte-americanas – Akron Art Institute, Black Mountain College, Cranbrook Academy Of Art, Rhode Island School of Design, a School of Design do Toledo Museum of Art – pedindo-lhes seus respectivos currículos. Escreveu também ao Museu de Arte Moderna de Nova York, pleiteando sugestões de boas escolas com bons currículos.

O INSTITUTE OF DESIGN DE CHICAGO

As iniciativas dos ex-bauhausianos nos Estados Unidos são tratadas por alguns autores[1] como tendo abandonado os princípios social-democratas da Alemanha. No entanto, esse "abandono" não foi imediato. No Institute of Design de Chicago, os primeiros dez anos da escola foram repletos de discussões e conflitos em torno da adaptação às necessidades da indústria norte-americana e que dizem respeito às visões políticas de seus diretores em confronto com os patrocinadores da escola.

O Institute of Design de Chicago fora visitado em 1947 por Jacob Ruchti. Na época, Serge Chermayeff já era diretor do Instituto, substituindo Moholy-Nagy, falecido em 1946. Nessa viagem, conforme relato de Acayaba (1994, p. 30-35), Ruchti, já adepto do projeto moderno desde estudante, tendo traduzido artigo de Richard Neutra para a *Revista de Engenharia Mackenzie*, travou contato com a arquitetura moderna, visitando obras de Neutra, de Gropius e Marcel Breuer, de Philip Johnson e de Frank Lloyd Wright.

---

1 Como é o caso do professor Ricardo Marques de Azevedo (2006, p. 58), que afirma: *"Com a propagação de totalitarismos na Europa... artistas migram para a França, a Inglaterra e daí para os Estados Unidos. Ali contribuem para a divulgação de preceitos ditos modernos, já então divorciados da perspectiva de transformações sociais e culturais que lhes inerira na origem".*

Ruchti visitou o Institute quando alguns de seus conflitos iniciais já estavam mais claros e caminhavam para soluções, que vieram a ocorrer depois que Chermayeff se afastou da escola. E os conflitos dizem respeito às propostas pedagógicas de Moholy-Nagy, de grande fundo humanista. O artista húngaro propunha um ensino generalista em confronto com as necessidades da empresa norte-americana, corporificada em Walter Paepcke, a quem Moholy-Nagy dedica seu livro *Vision in Motion*.

Vale a pena examinar os escritos de Moholy-Nagy e também o ensaio crítico de Victor Margolin (1997) sobre ele, que descreve minuciosamente a extensão dos conflitos no Institute of Design.

O artista construtivista Lazlo Moholy-Nagy deixara a Bauhaus na mesma época que Walter Gropius o fez, em 1928. Ele saiu da Alemanha logo depois da ascensão do nazismo e se estabeleceu na Holanda e na Inglaterra até ser convidado pela Associação de Artes e Indústrias, por indicação de Walter Gropius, então docente em Harvard, a dirigir uma nova escola baseada no modelo da Bauhaus. Em 1937 chegou a Chicago e fundou a New Bauhaus, que durou apenas um ano, pois a Associação retirou seu apoio à escola.

No livro escrito em 1928 e corrigido em 1938, Moholy-Nagy declara seus princípios socialistas ou, ao menos, sua severa crítica à sociedade industrial, quando diz que o fim da educação deve ser o homem e não o produto, nem mesmo o lucro. Nos Estados Unidos, depois do fracasso de sua Nova Bauhaus, Moholy-Nagy abriu, por sua iniciativa, a Escola de Design (School of Design), que durou até 1944, quando foi reorganizada e renomeada como Institute of Design, de Chicago.

Os problemas que Moholy-Nagy teve, tanto pedagógicos quanto administrativos, decorreram, segundo Victor Margolin, da tentativa que ele fez para

> reconciliar sua visão de educação de arte e design europeia, holística e humanista, com as expectativas pragmáticas dos homens de negócios norte-americanos de cujo apoio dependia (MARGOLIN, 1997, p. 216, trad. minha).

Embora, para Margolin, a visão dos industriais comportasse distinções, havia uma expectativa de que a escola dirigida por Moholy-Nagy melhorasse a qualidade e a competitividade dos produtos norte-americanos. Para Moholy-Nagy, a educação deveria ser uma experiência transformadora do estudante. Assim, ele recusava o treinamento profissional como o objetivo principal da escola. E defendia que a escola liderasse a indústria, não o contrário. Propunha a forma de agir da Bauhaus, na qual os alunos desenvolviam modelos que depois eram oferecidos às indústrias. A maior atenção da escola se dirigia a objetos domésticos como móveis, luminárias e cerâmica.

Os industriais que o apoiavam esperavam da escola resultados práticos já oferecidos por consultores em design como Raymond Loewy, Walter Teague, Norman Bel Geddes e Henry Dreyfuss e também pelas escolas Carnegie Institute of Technology e Pratt Institute que, no entanto, não gozavam do prestígio do mito Bauhaus. Nos anos 1930, os designers consultores já enfrentavam projetos de trens, automóveis, máquinas fotográficas, eletrodomésticos, todos muito mais complexos do que aqueles propostos por Moholy-Nagy em seus programas.

Moholy-Nagy exerceu críticas contundentes ao *streamlining*[2] aos métodos que enfatizavam técnicas de visualização da forma, em vez do contato direto com os materiais. Outra das grandes divergências de Moholy-Nagy com relação aos designers consultores norte-americanos dos anos 1930 era a questão do redesenho. Moholy-Nagy batia-se para que os estudantes criassem novas formas a partir do uso inventivo da tecnologia.

> *Hoje podemos produzir novas formas de cadeiras, tais como assentos usando duas pernas em vez das quatro tradicionais. Talvez amanhã não haja pernas – apenas um assento sobre um jato de ar comprimido* (MOHOLY--NAGY, 1947, p. 46. trad. minha).

Em Chicago, Moholy-Nagy também enfatizava as questões sociais relativas ao projeto, apostando na mecanização que eliminaria a fadiga dos operários. Seu pensamento – fé na tecnologia, visão da educação como processo de transformação do educando e não treinamento vocacional, transformação da sociedade a partir da criação das formas, em todas as suas implicações – segue o caminho do pensamento utópico em design que tem origens no século XIX, a partir das proposições de William Morris, e se desdobra na segunda metade do século XX com o pensamento de Victor Papanek de crítica ao consumismo e à fé na tecnologia e, mais precisamente, na trajetória de trabalho e no pensamento de Enzo Mari. O argumento com que Moholy-Nagy defende a cadeira feita de uma peça única de laminado é o mesmo daquele empregado por Enzo Mari na criação da sua dobradiça plástica para o açucareiro da Danese[3]. Ou seja, o que está em questão aqui é

---

2 Apesar de ter observado que o *streamlining* facilitava certos processos de produção e indicava a velocidade presente na vida daquele período.

3 Enzo Mari disse em várias palestras a que assisti que a dobradiça da peça Java, produzida pela Danese, teve como objetivo liberar o trabalhador de uma produção artesanal repetitiva. Ettore Sottsass declarou a respeito do trabalho de Mari que ele "descobriu que talvez haja um modo de colocar seu trabalho (mais do que suas porcelanas) a serviço daqueles que as faziam, em vez de a serviço daqueles que as teriam comprado" in *Una proposta per la lavorazione a mano della porcellana*, Milano, 1974, citado por BURKHARDT (1997, trad. minha).

uma visão determinada do design como disciplina ética, que não foi "superada", como dizem os arautos da servilidade para com o mercado, mas que traçou uma linhagem reconhecível em muitos meandros.

Moholy-Nagy pregava a educação para o crescimento pessoal e não como treinamento de habilidades para o lucro. Comentava que a grande metamorfose industrial serviu para a acumulação de lucros individuais. Criticava na sociedade capitalista a segmentação dos saberes, a instrumentalização da ciência a serviço do lucro. Para ele, *"O design não é uma profissão, mas uma atitude."* (MOHOLY--NAGY, 1947, p. 42, trad. minha). E está longe de ser o instrumento de vendas das empresas. Ele dava combate ao *styling* e ao *streamlining*, que associava à antiga ornamentação.

É de especial interesse no trabalho de Margolin a análise que ele faz das relações de Walter Paepcke e Moholy-Nagy. Paepcke foi o grande apoiador de Moholy-Nagy e de suas escolas, embora tivesse uma visão pragmática da contribuição dos artistas modernos, que criaram a identidade corporativa e as páginas publicitárias de sua empresa, a poderosa Container Corporation of America. Nada em sua visão o aproxima das utopias socialistas de Moholy-Nagy.

A relação de Paepcke com os artistas modernos – entre eles Fernand Léger, Walter Gropius e Herbert Bayer – se estabelece de forma contínua e estreita, a partir dos contatos abertos por Moholy-Nagy. Gropius e Bayer se tornaram consultores da CCA. Gropius fez o projeto da fábrica em Columbia e em North Carolina, além de ter sido convidado para discutir o projeto urbanístico de Aspen, no Colorado, que Paepcke estava desenvolvendo como estação de esqui e onde lançaria as grandes Conferências sobre Design e Tecnologia, as famosas TEDS.

Ou seja, a relação da empresa com o pensamento moderno se realizou especialmente na arquitetura e na gráfica. A CCA produzia grandes embalagens e não objetos de consumo. Nunca avaliou, portanto, a capacidade da escola de desenvolver produtos com aptidões mercadológicas. No desenvolvimento de produtos, Margolin aponta que não houve grandes êxitos na produção da Escola de Design.

Moholy-Nagy sempre defendeu um programa educacional amplo, que não necessariamente levaria a uma carreira de designer industrial. Não importava, para ele, se o estudante usaria seu aprendizado como pintor, designer, advogado, médico, dona de casa ou contador. Como defendeu em 1940, haveria design na vida familiar, nas relações de trabalho, no planejamento urbano, no viver juntos como seres humanos civilizados. Esse seria o design para viver (*"design for living"*) e não o design gráfico e/ou de produtos que levaria a uma formação especializada. (MOHOLY-NAGY, 1947, p. 42)

Esta era também a visão de Gropius, que a enuncia explicando o curso preparatório da Bauhaus. Tratava-se de formar o *"'homem inteiro' que, a partir de seu cen-*

tro biológico, pudesse encarar todas as coisas da vida com segurança instintiva e que estivesse à altura do ímpeto e do caos da nossa 'Era técnica'." (GROPIUS, 1977, p. 38).

Era muito difícil que Moholy-Nagy encontrasse apoio para a escola, especialmente com esse tipo de discurso humanista e amplo, afastado das necessidades dos empresários. Paepcke entendeu que deveria fazer gestões para que a escola fosse encampada por uma universidade e fez tratativas junto a três delas, inclusive o Illinois Institute of Technology. O industrial também insistiu para que a escola tivesse uma diretoria, retirando de Moholy-Nagy seu papel central nas decisões da escola. Em 1944, a escola mudou de nome para Institute of Design.

O confronto entre as proposições de Moholy-Nagy e dos designers que dominavam o mercado americano da época, Raymond Loewy e Walter Teague, ocorreu num simpósio realizado no Museu de Arte Moderna de Nova York, em 1946. Enquanto Loewy e Teague defendiam a atividade dos designers como aquela que responde à necessidade dos industriais de venderem seus produtos, Moholy-Nagy e o então curador do departamento de design do MOMA, Edgar Kauffmann Jr., pleiteavam a base ética do design, independente da indústria.

Moholy-Nagy morreu em novembro de 1946, algumas semanas depois de ter participado desse seminário. Segundo Margolin, enquanto a ação pedagógica de Moholy-Nagy é aclamada por personagens como Gropius, Siegfried Giedion e Herbert Read, *"que compartilharam com ele os objetivos e ideais da vanguarda"*, é inegável a frustração dos homens de negócios que o apoiaram. Essa frustração seria a evidência da sua não vontade de aceitar as condições do design industrial norte-americano. Moholy-Nagy não acreditava no capitalismo americano e, para Margolin, sua atitude isolou a escola de oportunidades que poderiam ter sido abertas no contato com a indústria. Em nenhum momento, Margolin cita o relacionamento profícuo que o Institute teve com a Companhia Parker de canetas, para a qual criou canetas, tinteiros e embalagens[4].

Walter Gropius foi novamente convocado para escolher um diretor e indicou Serge Chermayeff, que assumiu a direção do Institute of Design de Chicago em 1947. Em 1949, graças às negociações comandadas por Paepcke, o Institute se vinculou ao Illinois Institute of Technology. A presença de Mies Van der Rohe no IIT criou certas dificuldades para a escola que desembocaram na supressão do ateliê de arquitetura e levaram à demissão de Chermayeff em 1951. Em 1955, a escola passou a ser dirigida por Jay Doblin, designer e antigo colaborador de Raymond Loewy, nome não aprovado por Gropius e por muitos professores e alunos.

---

4 Citado por GUIDOT (2000, p. 124). No livro *Vision in Motion* há a foto de uma caneta Parker com legenda elogiosa, mas nenhuma referência à colaboração da escola com a empresa.

Os diversos conflitos das escolas de design de Chicago evidenciam o interesse dos industriais norte-americanos por um ensino que atendesse não apenas a seus desígnios de modernidade, presentes de forma exemplar, nas peças gráficas da Container Corporation of America, mas também no projeto de novos e vendáveis produtos. Os "novos" não são os inovadores que Moholy-Nagy desejava como resultado das pesquisas de seus estudantes. Novos podiam ser produtos apenas reestilizados como de fato inovadores. Essa tarefa da escola estava afastada das perspectivas de Moholy-Nagy, forte crítico da obsolescência forçada que, segundo ele, levava à desintegração cultural e moral; e também de seu sucessor Chermayeff.

No livro *Vision in Motion*, Moholy-Nagy descreve o programa da escola. Havia um curso básico de dois semestres com três áreas de trabalho. A primeira delas era de Tecnologia. Os alunos aprenderiam aí o uso de ferramentas e máquinas; os materiais (madeira, *clay*, plásticos, metal, papel e vidro); o estudo das formas, superfícies e texturas; o estudo de volume, espaço e movimento. A segunda área era Arte com aulas de desenho vivo, cor, fotografia, desenho mecânico, *lettering*, modelagem e literatura. A terceira área era de Ciência e Moholy-Nagy resume essa área com o ensino de "suficiente" (*"enough"*) matemática, física, ciências sociais e artes liberais. Esse período do curso básico era chamado por Moholy-Nagy de *self-test*. Nele não se pediriam dos alunos aplicações práticas, apenas inventividade.

Depois de um ano, o aluno entrava numa oficina para treinamento profissional no qual estudaria teoria e prática do design, processos e materiais industriais; mecânica do ponto de vista funcional e criativo – não apenas desenho, mas laboratório.

Moholy-Nagy deixava claro que esse ensino não era vocacional. Ele apontou as diferenças desse curso com o da Bauhaus. Diferentemente da Bauhaus, o estudante do Institute of Design, de Chicago teria de saber "infinitamente mais do que uma oficina pode dar". Não havia segregação das práticas artesanais (*crafts*) como metal, madeira etc., mas apenas três departamentos na escola: arquitetura, design de produto e *workshop* de luz (artes publicitárias) com os subcapítulos de tecelagem, fotografia, animação, pintura e escultura. Em 1945, segundo Alain Findeli (1990, p. 31 e 32), a oficina de luz se desdobrou em oficina de cinema e fotografia; a outra parte se juntou à oficina de cor, tornando-se oficina de design gráfico. Em 1946 havia quatro oficinas: design de produtos, design gráfico, fotografia/cinema e arquitetura. Para Findeli, Moholy-Nagy entendeu que o domínio artístico deveria se orientar para as artes tecnológicas, como cinema, fotografia, esculturas de luz e cinéticas. O artista húngaro acrescentou à antiga unidade artes e técnicas, proposta por Gropius na Bauhaus, um terceiro elemento, a ciência. Cursos de ciência da natureza, humanas e sociais foram introduzidos na Escola de Design, sob a direção de Charles Morris, do Departamento de Filosofia da Universidade de Chicago.

Segundo Findeli, ainda, Moholy-Nagy propôs uma escola orientada mais pela pedagogia do que pela ênfase em conteúdo, aproximando-se do funcionalismo orgânico de Goethe e também do pensamento de John Dewey, cujo livro *Art as Experience* era adotado na oficina de design de produto. A pedagogia humanista de Moholy-Nagy tinha como objetivo transformar os estudantes em futuros designers ou artistas *engagés* (Findeli, 1990, p. 40).

No período de Chermayeff, a escola introduziu mais profundamente o ensino de arquitetura, já esboçado no período anterior. A escola tinha cerca de cem estudantes que não se dividiam em classes, mas assistiam às aulas nas oficinas, tendo a possibilidade de entrar em qualquer uma delas.

As discussões sobre a incorporação do Institute of Design ao IIT e a expectativa de que a escola fosse rentável, ao promover contato com a indústria, fez que Chermayeff se demitisse. No seu lugar entrou Jay Doblin, que, segundo Chermayeff, era um homem comercial, perfeito para o cargo naquele período.

O relacionamento entre escola e empresários no Institute of Design de Chicago, longe de ser pacífico, foi pleno de contradições, jamais aludidas nos textos do IAC ou nos depoimentos dos ex-alunos. É com uma visão edulcorada que os fundadores do IAC descrevem a filiação à Bauhaus Dessau, afastada dos conflitos político-pedagógicos. Para o IAC, o importante era assegurar a continuidade do projeto racionalista no contexto do capitalismo norte-americano, vencedor da Guerra, dinâmico e com inclinações a absorver a cultura moderna[5].

O programa da escola de Chicago era uma matriz, mas não a *direção política* que Moholy-Nagy e Chermayeff quiseram imprimir à escola. De certa forma, em Illinois repetia-se, com o mundo privado, a turbulência da escola-mãe, a Bauhaus, com os poderes públicos, em Weimar e Dessau.

FILIAÇÃO DO IAC À BAUHAUS DESSAU

A outra escola sempre mencionada nos textos de Bardi é a Bauhaus Dessau, com a constante citação dos nomes de Walter Gropius e de Lazlo Moholy-Nagy. Está clara, nos documentos de formação do IAC, uma linhagem que vai de Bauhaus Dessau ao Institute of Design de Chicago de Moholy-Nagy e Chermayeff. A Bauhaus

---

5 A historiadora Elaine S. Hochman afirma que a Bauhaus era camaleônica e que se adaptou estupendamente às condições de vida dos Estados Unidos (HOCHMAN, 2002, p. 378). Ela relata a despolitização a que foi submetida a Bauhaus por Philip Johnson e Alfred Barr nas exposições do MOMA. No entanto, parece sectária sua visão de que Moholy-Nagy não se bateu por uma formação crítica do capitalismo e da qual *Vision in Motion* é um forte documento. Também é importante considerar as mudanças de pensamento do próprio Moholy-Nagy no período pós-fascismo, Segunda Guerra Mundial e vitória dos aliados.

Weimar, escola de arquitetura e design fundada como instituição de base moral, que nasce sob a égide de uma comunidade de artesãos e artistas, de filiação expressionista, está claramente afastada do ideário do IAC.

De fato, os objetivos genéricos da Bauhaus Dessau são mais próximos do IAC do que os de Weimar. No programa da Bauhaus de Weimar de 1919, o fim era a formação de uma comunidade de trabalho formada por artistas industriais capaz de realizar uma obra em sua totalidade. Já no programa de 1921, a ideia central era formar artesãos criativos, escultores, pintores, arquitetos.

Em 1925, portanto, em Dessau, o programa fala da formação de pessoas de talento para que possam dedicar-se à criação artística no campo profissional do artesanato, da indústria e da construção. Como observa Rainer Wick (1989, p. 90), *"a partir de 1925, a tecnologia e a indústria foram explicitamente incluídas na determinação dos objetivos da Bauhaus"*. No entanto, a guinada da Bauhaus já começara com o próprio Gropius, após o afastamento de Itten da escola[6].

Foi na Bauhaus Dessau também que ocorreu o período mais profícuo das relações entre a escola e a indústria, sob o comando de Hannes Meyer, que, segundo Wick, foi condenado ao esquecimento por Gropius e por todos os que emigraram para os Estados Unidos, além de ter sido também anulado pelos norte-americanos admiradores da Bauhaus (WICK, 1989, p. 103).

A Bauhaus Dessau citada insistentemente por Bardi e também por Ruchti seria aquela de Gropius, que Meyer levou adiante, dando início ao ensino de arquitetura, cuja instalação era desejo de Gropius desde 1923, pelo menos.

A adoção desse modelo de escola sem grandes discussões sobre os conflitos e as opções internas da escola alemã nesse período remetem a uma noção mais geral de modelo de escola, contraposto a Bauhaus Weimar. Desse modo, pode-se inferir que o modelo das Bauhütte, o retorno a uma mentalidade artística individualista como a proposta por Itten e também a influência expressionista não estavam no horizonte de Bardi e dos fundadores do IAC.

O primeiro manifesto de Gropius na fundação da escola, ilustrada pela catedral gótica de Lyonel Feininger, fazia uma alusão direta e inequívoca ao pensamento do Arts and Crafts de William Morris; de sua felicidade encontrada no trabalho prazeroso e coletivo de uma inteira comunidade. Esse modelo de escola certamente não interessava ao diretor do MASP. A orientação expressionista e a formulação de comunidade em que se reproduziam relações emprestadas dos ofícios medievais de mestre e aprendiz e reformuladas em padrões "socializantes", como pareciam aos governantes de Weimar, certamente eram referências inade-

---

6   Ver a respeito WICK (ob. cit.) BANHAM (1979); FRAMPTON (2003); DROOSTE (2002); WINGLER (1962); SOUZA (1998); WHITFORD (1989); GROPIUS (1977) e HOCHMAN (*op. cit.*).

quadas para uma escola formada dentro do Museu de Arte de São Paulo, iniciativa de Assis Chateaubriand, introdutor da televisão no Brasil, magnata chantagista, coronel "modernizado"[7].

Bardi entendia sua escola como iniciativa comprometida com a arte dos novos tempos, que teria na indústria seu pressuposto e seu meio de realização. Além dessa ênfase na colaboração com a indústria, Bardi rejeitava a postura individualista do antigo artista, tendo apontado entre os motivos da não continuidade do IAC essa mentalidade presente nos jovens que cursaram o Instituto.

Embora os motivos do fracasso do IAC tenham sido mais complexos do que esse, é importante sublinhar como Bardi entendia a formação artística do período e como ela ecoava o período de Bauhaus Dessau contra Bauhaus Weimar.

Em Bauhaus Dessau, no período de direção Meyer, a partir de 1928, o ensino de pintura se tornou quase um apêndice da escola (WICK, 1989, p. 94). É assim também que se estrutura o ensino do IAC, cujas aulas de desenho, ministradas por Sambonet, reuniam alunos do curso de desenho industrial e estudantes de outras áreas[8].

No período em que o IAC era gestado e inaugurado, também estava sendo pensada a Hochschule für Gestaltung, de Ulm, Alemanha, onde o debate sobre o ensino do design também seria processado ao longo do funcionamento da escola e no qual a visão humanista, artística e ampla da formação, preconizada por Bill e seguidora da Bauhaus, sofreria grandes críticas por parte de Tomás Maldonado. O debate em torno dos objetivos da formação dos estudantes em Ulm, entre Bill e Maldonado, acabou por definir-se, no período Maldonado, pela formação dos profissionais *especialistas habilitados para certas funções, capazes de trabalhar em equipe, e obedientes ao ditado da racionalidade técnica*" em substituição aos generalistas formados pela Bauhaus (WICK, 1989, p. 440).

Ou seja, todo o debate ocorrido nas escolas de design de Moholy-Nagy em Chicago (1937-1947) tem continuidade em Ulm (1954-1968). É no período de Chermayeff como diretor do Institute of Design de Chicago e antes da abertura da escola de Ulm – mas nos anos em que ela já estava sendo gestada – que o IAC é pensado, abre duas turmas e fecha.

---

7   Os métodos de Chateaubriand para enriquecer, incluir ou excluir pessoas de seu caminho estão retratados no livro de Fernando Morais; Bardi e Mario Barata escreveram hagiografias sobre Chateaubriand que não deixam de dar pistas ou de exemplificar a conduta de Chateaubriand nos negócios e no museu. BARATA (1970); BARDI (1982); MORAIS (1994).

8   De novo chamo a atenção para a ambiguidade do título IAC, ora significando o curso de desenho industrial, ora referindo-se ao conjunto de cursos do MASP. O curso de desenho de Sambonet foi feito por muitos alunos de fora, alguns ainda cursando o secundário, como foi o caso de Julio Roberto Katinsky.

O debate estabelecido nas duas escolas, a norte-americana e a alemã, não vai se realizar no Brasil. Tratava-se de absorver intensamente a atualização artística europeia e norte-americana, incorporando elementos de conduta dos designers norte-americanos em suas relações com a indústria, sem, no entanto, que houvesse aqui o interesse e a receptividade (mesmo aquela de um Paepcke em Chicago) para uma escola de design.

E também é possível ver na iniciativa do IAC um caminho bastante singular. A aproximação que Bardi desenha ao promover desfiles de moda e envolver os alunos com essas atividades, os vestidos desenhados por Sambonet cujos tecidos faziam parte das experimentações do tear de Klara Hartoch; e o curso de estamparia para moda dado por Luisa Sambonet remetem, curiosamente, o programa da escola a alguns cursos contemporâneos, que enxergam a atividade do designer como circunscrita ao mercado e que seguem suas variantes.

Moda & design era um anátema até os anos 1990. E talvez essa aproximação no IAC novamente se explique pela importância do futurismo italiano na formação do design da Botta, da qual Bardi era tributário. A noção de obra de arte total dos futuristas aproximou-se do mundo das mercadorias, por meio de embalagens, cartazes e também de desenhos de moda. Eram conjuntos muito distantes de Dessau e de Chicago.

Também pode-se notar, com a imprecisão e as generalizações com que Bardi e Ruchti se referem à Bauhaus e ao Institute of Design, aquilo que alguns autores já observaram a respeito da Bauhaus: a riqueza e a intensidade dos debates sobre a arte, seu papel de decantação das vanguardas artísticas, os embates políticos da escola, as referências a ela após seu fechamento tenderam a transformá-la em referência mítica no ensino e na prática do design e da arquitetura, sem que se estudassem mais detidamente seu programa e seu funcionamento, o que foi feito depois da Segunda Guerra Mundial e a partir, sobretudo, da crise do projeto moderno e da queda do muro de Berlim. De qualquer forma, o difícil tema das relações entre ensino das artes, indústria e projeto político de uma sociedade faz que a Bauhaus seja objeto de interpretações antagônicas, como bem demonstra Rainer Wick (1989, p. 442-443), ao resenhar dois autores da extinta Alemanha Oriental (RDA) sobre a escola: um deles, Hubert Letschmm, fala da Bauhaus como projeto imperialista. O outro, o soviético L. Pazitnov, diz que a Bauhaus concebeu *"um programa efetivamente ideal para sua época"*, e observa que a realização de tal programa pressupunha uma mudança radical das relações sociais existentes e uma ruptura total com os princípios da consciência burguesa."

De fato, a racionalidade buscada nos projetos de Bauhaus Dessau não tem como pano de fundo nem como consequência o estabelecimento de um projeto socialista ou mesmo social-democrata. Racionalidade estética, padrões construtivos, estética maquinista são compatíveis com as tiranias do século XX. O ensaio de Jeffrey Herf (1993, p. 54) lança muitas luzes a respeito da absorção de pesquisas científico-tecnológicas pelo nazismo, mostrando como foi possível construir (mesmo que problematicamente) uma "filosofia tecnológica" junto ao nacionalismo reacionário alemão. Nesse estudo, há uma menção sumária à Bauhaus, apontando-a como escola que "abraçava a tecnologia como parte da modernidade em sentido mais amplo" e que "conciliava o ideário social-democrata, o cosmopolitismo e a razão com a tecnologia."

De toda forma, a Bauhaus parece ter sido um mito fundador para a escola de desenho industrial do IAC.

ORIGENS MÍTICAS

O mito Bauhaus fica claro em certos textos do e sobre o IAC, especialmente naqueles em que se faz referência a uma suposta permanência de Lasar Segall, presidente da congregação do IAC, na escola de Dessau. Em artigo publicado no *Diário da Noite*, comenta-se a eleição de Lasar Segall para a presidência da congregação do Instituto,

> *não só pelos seus méritos como artista, como também pela experiência adquirida na primeira escola de desenho industrial, a famosa Bauhaus de Dessau, Alemanha. Ali Segall conviveu com os grandes renovadores e pesquisadores das artes aplicadas e arquitetura (Breuer, Moholy-Nagy, Gropius e outros). O pintor trouxe importantes esclarecimentos sobre o assunto que estava sendo debatido, demonstrando, entre outras coisas, que era necessário precisar o sentido de arte aplicada para evitar uma posição híbrida da escola. Acentuou também que os métodos de ensino e os ensinamentos nesse setor seguem um critério por vezes diverso daqueles utilizados pelas artes de caráter mais individualista como a pintura, escultura etc. Os exemplos foram bastante claros e convincentes para que os presentes chegassem a um acordo essencial capaz de dar uma unidade de propósito entre os professores do Instituto. (Diário da Noite, 22 mar. 1950).*

Ora, Lasar Segall mudou-se para o Brasil, vindo da Alemanha, em dezembro de 1923 (D'HORTA, 1988), retornando à Alemanha para expor em Berlim em 1926. Assim, a informação do jornal parece equivocada ou, no mínimo, a expressão "experiência adquirida", sugerindo que Segall teria sido aluno de Bauhaus Dessau, pode ser compreendida de forma muito mais aberta e imprecisa. Certamente Segall tinha informações mais aproximadas sobre a Bauhaus, dada sua convivência com os meios artísticos alemães, o que é demonstrado em sua correspondência com Kandinsky, publicada por Vera D'Horta (1994, p. 210-225), mas não se tem conhecimento de um período seu de estudos na escola. Segall visitou a Bauhaus em Weimar e em Dessau, só isso. A notícia do jornal não é assinada e entra em pormenores da reunião da Congregação[9].

A filiação à Bauhaus Dessau e a escolha de Lasar Segall como presidente da Congregação da escola é uma das contradições que emergem da leitura dos documentos do IAC. Lasar Segall gozava já de grande prestígio nos meios artísticos brasileiros; era reconhecido por Bardi e também pertencia ao clã Klabin/Segall,

---

9 "Realizou-se ontem, no Museu de Arte, a reunião preliminar para debater o programa de atividade do Instituto de Arte Contemporânea que funcionará junto àquela instituição. Ficou estabelecido que o Instituto trabalhará em estreita colaboração com os artistas, técnicos e arquitetos, visando dar aos seus alunos uma orientação segura, nitidamente contemporânea, no terreno das artes aplicadas. Nessa reunião compareceram os arquitetos Eduardo Kneese de Melo, presidente do Instituto dos Arquitetos; Osvaldo Bratke, Roberto Burle Marx, Lina Bo Bardi, Giancarlo Palanti, Jacob Ruchti, Rino Levi, o pintor Lasar Segall, Tomaz Farkas, a escultora Elizabeth Nobiling, Horácio Pelicciotti, Rudolf Klein e o diretor do Museu de Arte, sr. P. M. Bardi. Deliberaram, entre outras coisas, acentuar a importância dos processos industriais que vieram renovar a fisionomia dos objetos. Assim, o Instituto estenderá sua ação no campo da indústria, para que os objetos que são produzidos em grande escala sirvam também para difundir o bom gosto e melhor caracterizar o espírito da nossa época. O papel da arquitetura é decisivo, porque é uma das manifestações artísticas que mais se liga aos problemas coletivos. Nesse sentido, ela tem traçado uma linha segura que servirá para dar as diretrizes do Instituto. Depois de um acordo sobre o programa dos vários cursos, os presentes julgaram oportuno dar início às atividades com aulas teóricas e práticas sobre artes gráficas e desenho industrial. Foram escolhidos, entre artistas, técnicos e especialistas, os professores que farão parte da congregação do Instituto. Na reunião foi também eleito presidente da congregação o pintor Lasar Segall, não só pelos seus méritos como artista, como também pela experiência adquirida na primeira escola de desenho industrial, a famosa Bauhaus de Dessau, Alemanha. Ali Segall conviveu com os grandes renovadores e pesquisadores das artes aplicadas e arquitetura (Breuer, Moholy-Nagy, Gropius e outros). O pintor trouxe importantes esclarecimentos sobre o assunto que estava sendo debatido, demonstrando, entre outras coisas, que era necessário precisar o sentido da arte aplicada para evitar uma posição híbrida da escola. Acentuou, também, que os ensinamentos nesse setor seguem um critério por vezes diverso daqueles utilizados pelas de caráter mais (individualista), como a pintura, escultura etc.; os exemplos foram bastante claros e convincentes para que os presentes chegassem a um acordo essencial capaz de dar uma unidade de propósito entre os professores do Instituto. Finalizando os debates, foi proposto redigir-se, em caráter permanente, o programa do Instituto, frisando o criterioso que será adotado nos diferentes cursos como os de artes gráficas, artefatos de madeira, artefatos de metais, modelagem, desenho industrial, tapeçaria, tecelagem, cerâmica, fotografia etc. Dentro em breve, pois, deverá ser divulgado pela imprensa, o programa definitivo do Instituto de Arte Contemporânea, mais uma iniciativa do Museu de Arte em favor da elevação do nível de cultura artística e da capacidade criadora do nosso povo." (Diário da Noite, 22 mar. 1950). Diferentemente de documentos publicados nos Diários Associados, muitos deles, como já foi dito, reproduções de textos manuscritos encontrados nos arquivos do MASP e escritos por Bardi, aqui parece tratar-se de uma reportagem.

poderoso nos meios culturais e industriais paulistanos. Era, portanto, alguém talhado para presidir a Congregação do IAC. Reunia prestígio cultural, ascensão intelectual por seu estreito contato com grupos artísticos alemães como os da Secessão de Dresden, que ajudou a fundar em 1919.

Não haveria, em princípio, por que inventar um passado bauhausiano para Segall, a não ser que o nome Bauhaus tivesse significado profundo para a legitimação da nova escola.

Este não é o caso da artista têxtil Klara Hartoch (ou Clara Hartok – nos arquivos do IAC constam variações da grafia do nome), professora de tecelagem no Instituto de Arte Contemporânea. Ela foi apresentada a todos os alunos por Bardi como ex-aluna de Anni Albers da Bauhaus, conforme vários depoimentos, entre os quais os de Flávio Motta, Alexandre Wollner, Irene Ruchti e Estella Aronis.

Todos eles falam da prática da tecelagem com Klara Hartoch, personagem sobre o qual não consegui qualquer referência precisa. Segundo Irene Ruchti, a professora de tecelagem trabalhava com fios convencionais, algodão, ráfia, e atendia a pedidos específicos, por exemplo, o de tecer uma trama especial para um vestido de noite de Lina Bo Bardi. Há fotos dela na revista *Habitat* operando o tear e também a foto de uma modelo trajando vestido cujo tecido foi fabricado por ela.

Não há nos arquivos da Bauhaus de Berlim nem nos da Bauhaus Dessau qualquer referência ao nome de Klara Hartoch. Ela pode ter estudado em Weimar, cujos arquivos são incompletos (WINGLER, 1962, p. 549). Se isso aconteceu, pode ter sido colega (e não aluna) de Anni Albers, estudante em Weimar. O trabalho de ambas incorpora pesquisa de fios e trabalha no registro do ornamento mínimo – configuração dos fios estruturais da trama e do urdume. Outra possibilidade é que Klara Hartoch tivesse outro sobrenome nos anos 1920 na Alemanha.

O curioso é que ninguém, ao comentar o passado de Klara, refere-se a um depoimento dela sobre a Bauhaus. Segundo Alexandre Wollner, *"Essa era a história que corria. Era assim que ela era apresentada por Bardi"*.

Talvez, então, possa ser entendida a bravata dessa associação de nomes do presidente da Congregação do IAC, Lasar Segall, e de uma de suas professoras, Klara Hartoch, à Bauhaus.

Afinal, nos anos 1950, a Bauhaus já atingira grande prestígio no Brasil. A Editora Skira já publicara um livro sobre escolas artísticas do século XX, com capítulo dedicado à escola alemã por seus artistas pintores: Feininger, Schlemmer, Klee e Kandinsky. Também José Geraldo Vieira já publicara biografias curtas de artistas da Bauhaus. Os discursos sobre o IAC procuraram criar um caminho direto da Bauhaus à escola do MASP, que a colocasse quase em pé de igualdade com a escola de design de Chicago. Eis o que diz o artigo que anuncia sua abertura:

O Instituto tem um programa até agora não tentado por nenhuma de nossas organizações artísticas – repete, em proporções que naturalmente devem ser guardadas, o plano didático formulado por Walter Gropius e sua equipe na maior escola de arte que a Alemanha produziu neste século: a Bauhaus de Dessau (Diário de São Paulo, 29 mar. 1950).

O quadro a seguir mostra as linhas gerais dos currículos do IAC e do Institute of Design de Chicago. Como se vê, o IAC incorporou matemática, sociologia e psicologia, assim como o currículo de Moholy-Nagy. Apesar da proximidade dos programas, há diferenças na concepção. Não se sabe o que seriam os cursos especializados do IAC, mas em Chicago não se defendia a ideia de "especialização".

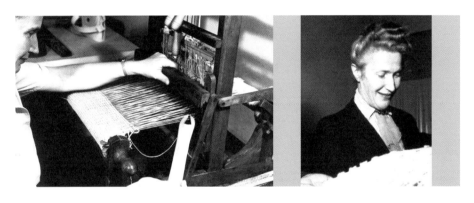

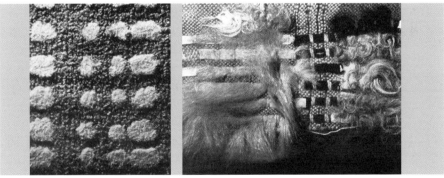

As aulas de tecelagem de Klara Hartoch se realizavam diretamente nos teares da escola.
Uma mostra dos tecidos experimentais de Klara Hartoch publicados na revista *Habitat*.
Acervo fotográfico da Biblioteca e Centro de Documentação do Museu de Arte de São Paulo
Assis Chateaubriand – MASP. Fotografia: Revista *Habitat*.

CURRÍCULO DO INSTITUTE OF DESIGN DE CHICAGO

Curso básico ou *self-test*:
1. Tecnologia: uso de ferramentas e máquinas; os materiais (madeira, *clay*, plásticos, metal, papel e vidro); o estudo das formas, superfícies e texturas; o estudo de volume, espaço e movimento.
2. Arte: aulas de desenho vivo, cor, fotografia, desenho mecânico, *lettering*, modelagem e literatura.
3. Ciência: ensino "suficiente" de matemática, física, ciências sociais e artes liberais. Não se pediriam dos alunos aplicações práticas, apenas inventividade.

Oficinas
"Crafts": metal, madeira, cerâmica, tecelagem.
Fotografia, animação, pintura e escultura.

CURRÍCULO DO IAC

Curso preliminar (obrigatório)
Cursos especializados (livre escolha)
Cursos complementares (facultativos)

1. Curso preliminar:
   a. matemática (álgebra, geometria, geometria descritiva)
   b. perspectiva
   c. desenho a mão livre
   d. composição compreendendo: plano, cor e luz, espaço, elementos básicos de desenho em duas dimensões, elementos básicos da forma tridimensional, modelagem e construções experimentais.

2. Conhecimento dos materiais, métodos e máquinas com aulas de:
   a. materiais, contato e pesquisa
   b. técnicas de trabalho e métodos de produção.

3. Elementos culturais com aulas de:
   a. História da Arte
   b. Elementos de arquitetura

Sociologia e psicologia

03

A HERANÇA DO IAC

O IAC fechou suas portas no final de 1953. As duas turmas de desenho industrial haviam se fundido numa só. Muitos alunos já haviam abandonado o curso, numa espécie de agonia anunciada, cujo desfecho foi a abdicação de Pietro Maria Bardi e sua equipe de manterem um curso de desenho industrial no Museu.

A escola chegara a receber verbas da prefeitura de São Paulo. Eram insuficientes para cobrir os custos do IAC, que distribuía bolsas de estudos, oferecia todo material didático aos alunos e franqueava-lhes acesso às atividades do MASP. Uma escola desse tipo poderia ter sido financiada por empresários, como ocorreu com as escolas de Moholy-Nagy em Chicago; ou pelo estado, caso da Bauhaus, da Esdi, da FAU/USP. Isso não ocorreu.

Se a escola era tão boa, segundo seus ex-alunos; se estava ancorada no MASP, instituição que crescia em importância cultural no cenário brasileiro, se seu programa se baseava na necessidade de responder à crescente industrialização de São Paulo nos anos 1950; se havia clareza programática de seu fundador, Pietro Maria Bardi, dos laços que a escola deveria constituir com a indústria, o comércio, os serviços e as novas instituições culturais, por que ela não vingou?

Dentre as iniciativas do MASP daquele período, esteve a constituição de uma Escola de Propaganda, que deu origem, posteriormente, à Escola Superior de Propaganda e Marketing, autônoma. Ou seja, mesmo que o MASP tenha se desobrigado a dar continuidade a um projeto pedagógico, tal projeto encontrou pouso em outras instituições e seguiu sua rota, tornando-se centro formador de profissionais de atividade fundamental do capitalismo: a publicidade.

E o design? Não seria atividade fundamental? Não viveu crescimento extraordinário dos anos 1950 até hoje? Não passou a integrar a formulação de políticas industriais de países como a Inglaterra, a Espanha, a China, o Japão, a Coreia do Sul e tantos outros? Não foi motor de reconstrução industrial após a Segunda Guerra Mundial, como na Itália e, em parte, na Alemanha, independentemente de ações oficiais? Não se estendeu na abertura de escolas e escritórios nos Estados Unidos? Por que no Brasil, apesar da iniciativa de Bardi, apesar de uma base industrial, apesar dos avanços da arte, o design não se tornou parte da estratégia de desenvolvimento econômico[1] ou, pelo menos, não encantou uma parcela importante de nosso empresariado? Talvez essa seja a pergunta mais profunda a ser feita para entender a não vigência do IAC. No entanto, antes de chegar a ela, gostaria de examinar algumas hipóteses.

IAC – escola sofrível?

Uma hipótese de trabalho é que o IAC tenha sido uma escola acanhada, incapaz de dar boa formação a seus estudantes. Pietro Maria Bardi reuniu os nomes que considerou melhores para formar um curso de alto nível, tanto do ponto de vista técnico, quanto da formação em história da arte e em humanidades.

Do ponto de vista técnico, a escola, de fato, não tinha laboratórios ou oficinas de produtos e também os vínculos com a indústria não se estabeleceram, o que poderia ter resultado em aprendizado dos estudantes, na área de processos e materiais. No entanto, apesar das limitações, conseguiu dar formação atualizada frente ao que se fazia no mundo naquele período, como também preparou seus alunos para o mercado de trabalho, como se pode perceber na trajetória de seus ex-alunos.

IAC – moderno demais?

Uma segunda hipótese para entender a curta duração da escola seria uma modernidade "excessiva" de seu conteúdo. A visão moderna, universalizante de Bardi, que convenceu Chateaubriand a não montar um museu tradicional como o de Belas Artes no Rio de Janeiro, poderia ser difícil de absorver por nossas elites acanhadas culturalmente?

---

1   Até os anos 1990, quando se inicia um novo período para o design brasileiro com a abertura de muitas escolas privadas e públicas; com a participação de alguns brasileiros no *star-system* global; com disputas de escritórios brasileiros com estrangeiros por contas de multinacionais brasileiras e estrangeiras etc.

Nossas classes dirigentes pareciam absorver muito bem as ideias modernas na arte e na arquitetura. O projeto moderno desenvolvia-se no Brasil e, especialmente em São Paulo, de forma exemplar. O IAC foi pensado e efetivado no mesmo período em que se desenrolavam as ações de comemoração do IV Centenário da cidade, tão bem estudadas por Maria Arminda do Nascimento Arruda (ARRUDA, 2001) e por Maria Cecília França Lourenço (LOURENÇO, 1995: p. 71-104). A abertura da escola se deu no mesmo ano da realização da I Bienal de Artes. Ou seja, o *aggiornamento* cultural, amparado no desenvolvimento industrial da cidade, parecia o cenário perfeito para a instalação de uma escola de design industrial. E, também, os preceitos do IAC o aproximavam da arte construtiva, que teve extraordinária penetração nos meios artísticos brasileiros do período e que se ancoravam também na metropolização/industrialização do país.

Já haviam se passado dez anos desde que uma mostra de arte fora montada dentro da Feira Nacional das Indústrias. Em 1941, conforme relata Paulo Mendes de Almeida (ALMEIDA, 1976, p. 186), o pintor Quirino da Silva esteve à frente de uma mostra de arte realizada na Feira Nacional das Indústrias, o 1º Salão de Arte:

Era, pois, sem dúvida, qualquer coisa de inédito o acontecimento, significando que os homens da produção, os homens da indústria e do comércio, os homens de negócios, em suma, vinham ao encontro dos artistas, propiciando-lhes, dentro de sua organização, um lugar para uma parada das artes plásticas...

Em 1951, São Paulo já contava com dois museus, MASP e MAM, que apresentavam exposições de arte moderna. Já se faziam cartazes de feição construtiva para instituições, mostras, peças de teatro. O IAC não destoava, portanto, do conjunto de iniciativas culturais que pareciam colocar o Brasil na rota da contemporaneidade.

Embora sejam já muito conhecidas, as características do crescimento do Brasil e de São Paulo como cidade industrial e sua modernização naquele período merecem ser brevemente destacadas, assinalando a pertinência da análise de Bardi para a fundação do IAC: *São Paulo de meados do século XX... trilhava... os rumos do progresso, da modernização, da racionalidade e de uma cultura crescentemente técnica* (ARRUDA, 2001, p. 49).

Mais que isso, conforme Fernando Novais e João Manuel Cardoso de Mello:

Na década de 1950, alguns imaginavam até que estaríamos assistindo ao nascimento de uma nova civilização nos trópicos, que combinava a incorporação de conquistas materiais do capitalismo com a persistência dos traços de caráter que nos singularizavam como povo: a cordialidade, a criatividade, a tolerância (CARDOSO DE MELLO; NOVAIS, 1998, p. 560).

O IAC parecia ser justamente uma escola que extraía aquilo que era melhor do design internacional, do ponto de vista das indústrias, sendo capaz de operar uma confluência de distintas linhagens – entre as quais a já mencionada admiração que Bardi nutria simultaneamente por Le Corbusier, Gropius e por Raymond Loewy – que o tornariam extremamente adequado para nossa realidade, numa singularidade pacificadora de conflitos alheios a nossas questões de industrialização.

A formação de quadros nacionais aptos a solucionar questões da realidade local era o objetivo do IAC. As transformações brutais que se processavam no país também pareciam indicar a pertinência do projeto. Em 1950 havia 10 milhões de habitantes nas cidades contra 41 milhões de habitantes rurais. Nos anos 1950 migraram para as cidades 8 milhões de pessoas. A Companhia Siderúrgica Nacional fora fundada em 9 de abril de 1941 e iniciou suas operações em 1º de outubro de 1946. A televisão foi trazida para o Brasil em 1950, pelo próprio Assis Chateaubriand. A Petrobras foi fundada em 1953. O IV Centenário de São Paulo foi celebrado em 1954, fazendo ecoar a arquitetura moderna e o design gráfico também de origem racionalista. Os anos de funcionamento do IAC precederam o grande salto industrial que se estabeleceu a partir de 1956, com o governo Juscelino Kubitschek.

A ampliação do mercado consumidor, urbano e baseado nas conquistas materiais dos Estados Unidos e a existência de um grande número de indústrias de bens de consumo no período também faziam prever um crescente mercado de trabalho para desenhistas industriais.

Já no final do século XIX em diante, e acentuadamente a partir dos anos 1950, o grande fascínio, o modelo a ser copiado passa a ser cada vez mais o american way of life. *Fascínio, primeiro, do empresariado e da classe média alta, que, depois, foi se espraiando para baixo, por força do cinema e da exibição, nas cidades aos olhos dos "inferiores", do consumo moderno dos "superiores", dos ricos e privilegiados...* (CARDOSO DE MELLO; NOVAES, 1998, p. 604-605).

No plano econômico, a recessão e a guerra repercutiram de modo antes positivo que negativo sobre o ritmo de atividades, tendo em vista a diretriz antirrecessiva da política econômica do primeiro governo de Vargas e, sobretudo, o impacto da situação de conflito internacional. A guerra não só ajudou a preservar o mercado interno para a indústria nacional como abriu espaços no mercado exterior para artigos de consumo fabricados no Brasil. O ritmo de atividade da indústria brasileira na conjuntura de guerra foi intenso, a capacidade ociosa desapareceu e a lucratividade foi considerável. Do ponto de vista geográfico, a indústria sediada em São Paulo, entre

1920 e 1940, chegou a suplantar a do Rio de Janeiro e sua capital tornou-se
o principal centro econômico do país. (DURAND, 1989, p. 117).

Também a grande quantidade de pequenas e médias indústrias, ao lado de alguns grupos econômicos poderosos, parecia conformar a base material perfeita para o desenvolvimento do desenho industrial[2].

Era previsível que nesse ambiente o design prosperasse como atividade profissional e que o IAC fosse reconhecido pela classe empresarial.

IAC – anticapitalista?

A terceira hipótese diz respeito às relações de tensão que poderiam existir entre uma escola artisticamente avançada e o ambiente no qual se inseriu, a exemplo do que ocorreu com a própria Bauhaus e as escolas de Moholy-Nagy, em Chicago. Não há nenhum indício ou registro de que tenham se reproduzido no IAC os conflitos de Bauhaus Weimar ou Dessau ou as contendas enfrentadas por Moholy-Nagy em Chicago. As constantes referências de Bardi e de Jacob Ruchti à sequência do design e da arquitetura levados pelos emigrantes alemães para os Estados Unidos apontam para a adesão do MASP/IAC à voga bauhausiana dominante nos EUA.

Nos Estados Unidos, quando as vanguardas europeias foram descobertas pelo MOMA e pelas elites, tratava-se de empunhar uma bandeira estética adequada à grandeza das grandes corporações capitalistas. Se a Bauhaus fora alvo, durante todo o tempo de sua existência, de ações determinadas pelos conflitos político-sociais da sociedade alemã do período, e era vista, com frequência, como célula de "bolcheviques", tanto pelas administrações locais, como pelo governo nazista, a partir de 1932, nos Estados Unidos, a Bauhaus tornou-se o "estilo Bauhaus", devidamente esvaziado de conteúdos democráticos radicais ou socialistas, e a serviço da racionalidade instrumental capitalista das grandes corporações, conforme propagandeado pelo Museum of Modern Art, modelo de museu para o MASP.

O IAC, ao fundamentar-se de seu modo particular na Bauhaus Dessau e no Instituto de Chicago, montou uma escola "domada" para as pretensas necessidades da indústria, alheia a clamores da social-democracia de esquerda alemã. Acrescente-

---

2 Observa-se que em alguns períodos/países em que o desenho industrial se destacou houve iniciativa simultânea de grandes, médias e pequenas empresas. Pensemos na Deutscher Werkbund e na AEG acompanhada de um grupo de pequenas indústrias; na Europa do Norte, em que a Eletrolux ou a Volvo conviveram com pequenas fábricas de cerâmica e vidro; a Itália com a Fiat e as oficinas dos *carrozziere* ou a Olivetti e as pequenas fábricas de móveis e objetos domésticos.

-se a essa filiação a Dessau a admiração que Pietro Maria Bardi manifestava em seus cursos e nos contatos com os estudantes do IAC pelo designer franco-americano Raymond Loewy, autor da célebre frase "a melhor curva de um produto é a ascendente, do gráfico de vendas". Esse amálgama referencial operado por Bardi no IAC afasta qualquer hipótese de a escola não ser aceita pelos meios industriais paulistanos em razão de qualquer postura anticapitalista.

Bardi empunhava a bandeira de uma atualização cultural dos industriais. Em seu discurso há alusão ao caráter utópico do design, seu papel democratizador, bandeira que viria a ser empunhada pelos dirigentes da escola de Ulm.

Apesar de sua admiração por Raymond Loewy e pelo Museum of Modern Art de Nova York, Bardi, assim como Ruchti ou Leopold Haar, o diretor do museu, não aborda a questão do consumo e da obsolescência simbólica dos produtos industriais – discussão que ainda não se colocara no Brasil.

No entanto, a "movida" maspiana em prol do gosto, ao atacar igualmente as esferas do design industrial (aí compreendido o design gráfico), a publicidade e a moda, aponta para uma prática industrial que, realizada por quadros de formação superior, é ditada pelas necessidades mercadológicas das empresas. Modelo esse que domina o mundo contemporâneo.

HIPÓTESES DO FRACASSO

Há várias explicações para o fracasso do projeto IAC. O próprio Pietro Maria Bardi apresentou algumas. Uma primeira se assenta na mentalidade dos jovens que cursaram o Instituto. Alexandre Wollner, em seu livro (WOLLNER, 2003, p. 73), registra o artigo de Bardi a esse respeito: "O professor Bardi fechou o IAC em fins de 1953. No texto "Gropius, a arte funcional", publicado na *Folha da Manhã* do dia 7 de julho de 1984, diz:

> *Quando eu mesmo no MASP tentei, em 1950, abrir uma escola de design, era natural que lembrasse de Gropius, a ponto de nos apelidarem de bauhausinhos. A escola se coroou com um significativo fracasso, apesar de contar com professores de mérito e de comprovada experiência europeia, como Lina Bo Bardi e o valoroso Jacob Ruchti. O fracasso deveu-se à mentalidade dos alunos, salvando-se AW, todos por demais ansiosos em se produzir como personalidades autônomas e fazendo prevalecer o eu que se distingue acima dos outros eus, quase sempre gênios não se considerando gregários no conceito operativo de Gropius."*

Parece, no entanto, ingênuo, creditar à mentalidade dos alunos o fracasso da escola. Talvez esse discurso merecesse uma pergunta feita de revés: houve projeto coletivo capaz de oferecer oportunidades aos jovens formandos?

No mesmo livro, Wollner dá sua própria versão dos fatos (WOLLNER, 2003, p. 295):

Quando o professor Bardi, em princípios dos anos 1950, pensou na criação do Instituto de Arte Contemporânea, sua intenção foi formar designers profissionais para integrarem-se à indústria brasileira emergente, que deveria se preparar para desenvolver produtos criativos e de nível competitivo, visando à exportação. Teve de fechar a escola três anos depois, por desinteresse da indústria no aproveitamento dos jovens designers que formou. A grande maioria dos industriais brasileiros preferia pagar royalties para produzir aqui ou importar produtos criados no exterior (na maioria dos casos, inadequados à nossa cultura e tecnologia) ao invés de investir no próprio desenvolvimento. Isso vem acontecendo há cinquenta anos e continua assim até hoje!

Essa visão coincide com a de Pietro Maria Bardi, que sempre acusou os industriais brasileiros de não quererem *inovar esteticamente* e atribuiu a eles parte da responsabilidade pelo fechamento da escola.

A questão é: por que os empresários não haveriam de aplaudir e aproveitar o potencial criado com o IAC? Em que medida o design (ou o desenho industrial, como se denominava então) não foi considerado apto a contribuir para o programa estratégico da industrialização paulista/brasileira do período?

Uma chave para a compreensão da questão pode ser encontrada na análise feita por Florestan Fernandes sobre a industrialização brasileira (FERNANDES, 1974, p. 62). O texto tem particular interesse, pois resulta de conferência na FIESP/CIESP em 6 de agosto de 1959. O sociólogo falou diretamente aos industriais paulistas:

... a figura típica do empresário moderno começa a definir-se como categoria histórica em nossa vida econômica. Isso acontece numa fase em que o espírito pioneiro do empreendedor pré-capitalista deixa de ser criador e produtivo em face da complexidade dos problemas a serem resolvidos na esfera da prática. As exigências novas da situação histórico-social impõem modificações que não afetam, apenas, formas isoladas de atuação ou de comportamento econômico. É o horizonte intelectual do empreendedor que precisa ser alterado, como requisito para a formação de uma mentalidade econômica compatível com o grau de racionalização dos modos de pensar, de sentir e de agir inerentes à economia capitalista.

O horizonte intelectual do empreendedor precisaria compreender o alcance
que o ensino artístico aplicado à indústria poderia ter na criação de novos
objetos industriais. Enquanto, no Brasil, era por meio de uma escola que
se tentava estabelecer a relação artistas/indústria; na Itália do pós-guerra,
foi a união de um grupo de arquitetos e artistas com alguns empreendedo-
res que conseguiu criar o desenho industrial mais celebrado dos últimos 50
anos do mundo.

No Brasil, a pesquisa ainda muito parcial sobre empresários que investiram no design industrial e mesmo no design gráfico aponta, em alguns casos, para empresários de sólida formação cultural. É o caso, por exemplo, do industrial e artista concretista Ademar Manarini, proprietário da fábrica Equipesca. Foi a partir de sua inserção no mundo artístico/intelectual que ele levou o design para sua indústria, tanto em programa de identidade visual, na modelagem de uniformes "ergonômicos" para os operários quanto na elaboração de alguns produtos, realizados, respectivamente, por Alexandre Wollner, Estella Aronis, Karl Heinz Bergmiller e Freddy van Camp[3].

A indústria Metal Leve, do empresário José Mindlin, conhecido bibliófilo e apoiador de iniciativas culturais e artísticas de São Paulo, contratou Alexandre Wollner para desenhar a marca de sua empresa. Os proprietários da Securit, fábrica de móveis de aço para escritórios, para quem Ruben Martins desenhou uma lixeira, era gente ligada às artes. Seu dono, engenheiro Aldo Magnelli, era irmão de Alberto Magnelli, pintor da Escola de Paris. Ambos pertenciam aos círculos próximos ao MASP. A Villares, indústria que contratou, anos depois, programa completo de design do escritório Cauduro & Martino, era de propriedade da família Villares, empresários cultos, que detinham formidável coleção de arte concreta.

As próprias indústrias que tiveram pequeno contato com o IAC, Lanifício Fileppo e Cristais Prado, tinham como proprietários pessoas cultas e apoiadoras de iniciativas, como a Móveis Branco e Preto. Também se lembrarmos as pequenas manufaturas dos chamados designers modernos brasileiros – tais como Joaquim Tenreiro, Sérgio Rodrigues, os irmãos Hauner, e mesmo algumas indústrias como L'Atelier e Mobília Contemporânea – veremos que são iniciativas estabelecidas por arquitetos ou artistas que se tornaram empresários para produzir aquilo que dese-

---

3   Não resisto aqui a contar que, há muitos anos, entrevistei o herdeiro da Equipesca, Manarini Filho, sobre a importância do design em sua empresa. Ele deixou muito claro que o design fora realizado apenas graças ao espírito artístico do pai. A Equipesca conserva até hoje (2006) a marca, alguns produtos e embalagens, mas deixou de manter relacionamento com designers que pudessem inovar suas atividades, como fez Freddy van Camp ao propor que as redes de pescar fossem adaptadas para servir à construção civil.

nhavam. Muitos deles, como Michel Arnoult, sempre repetiram que não lograram fazer a catequese do empresário brasileiro em prol do design.

Creio que seria de especial interesse investigar se essas relações de elites com refinamento cultural/design se confirmam no Brasil. E também se decorrem de visões também civilizatórias. Ou seja, o design não seria concebido como força propulsora de mudanças na produção industrial, mas como "adorno moderno" até a última década do século XX.

Florestan Fernandes explica os impulsos da industrialização brasileira como tendência à imitação construtiva, na qual está presente a ideia de industrialização como missão civilizatória e não como força social (FERNANDES, 1974, p. 64).

A transplantação de técnicas e instituições se fez com evidentes lacunas com prejuízo do universo que faz valer a empresa capitalista. A reprodução de padrões e a assimilação de técnicas criadas em outros universos socioculturais isentaram os industriais brasileiros de investir na invenção. Ou, no dizer de João Manuel Cardoso de Mello e Fernando Novaes (CARDOSO DE MELLO; NOVAES, 1998, p. 645-646): *"No século XX, graças à relativa estabilidade dos padrões tecnológicos e de produção nos países desenvolvidos, pudemos desfrutar das facilidades da cópia"*.

Certamente, o ambiente encontrado por Bardi trazia as marcas da industrialização paulista, que teria praticado a cópia sem licença ou direitos; *produzia, durante décadas, mercadorias consumidas especialmente pelas classes inferiores*. Somando-se a isso, faltavam investimentos em educação específica – vale lembrar que o Senai (Serviço Nacional de Aprendizagem Industrial) foi fundado em 1942 e

O convênio firmado entre a Cristais Prado e o IAC previou apenas a realização de peças gráficas. Cartaz desenhado por Alexandre Wollner em seu período de estudante do IAC. Arquivo Alexandre Wollner.

o Senac (Serviço Nacional de Aprendizagem Comercial), em 1945. E havia, ainda, a tradição das montadoras, *"firmas que não faziam outra coisa senão combinar ou montar o produto final"*[4] (DEAN, 1991, p. 31 e 77). Todos esses fatores afastavam a indústria da criação e da inovação, tarefas do design e característica inerente da produção industrial capitalista.

Historicamente, o caráter inovador do design de produtos muitas vezes se firmou em consonância com inovações do tipo técnico. O exemplo mais conhecido desse tipo de intervenção está na fábrica de móveis Thonet. A técnica de vergar a madeira com vapor e o uso de parafusos em substituição aos encaixes da marcenaria foram fundamentais para a criação de um objeto inovador em sua tipologia e adequado à expansão urbana de meados do século XIX. Também sua forma, decorrente do vergamento da cadeira, prenunciou os "golpes de chicote" que seriam uma das bases formais da Art Nouveau. As mudanças de materiais e de técnicas corporificaram mudanças de organização do trabalho e de organização social.

Procedimentos semelhantes podem ser encontrados, por exemplo, nas cadeiras tubulares de Mart Stam, Marcel Breuer e Mies van der Rohe, nos anos 1920; no uso do compensado laminado por Alvar Aalto, nos anos 1930; na introdução da fibra de vidro em mobiliário por Charles e Ray Eames, nos anos 1950; ou na prosaica concha de polipropileno da cadeira Hille, de Robin Day, nos anos 1960.

Desse modo, inovação técnica, mesmo que efetuada em âmbito alheio ao design de produtos, migra para o desenho de equipamentos, móveis e utensílios e, nessa migração, está a criação autóctone. Ela requer, no entanto, além de grande intimidade com as inovações técnicas, investimento em projeto, ou seja, pesquisa e experimentação; realização de modelos; possibilidade de voltar atrás e recomeçar – exatamente o tempo da consecução artesanal detida, dentro do processo de produção industrial, na atividade de projeto[5].

Ainda é Florestan Fernandes que fala das diferenças entre o desajustamento da máquina na Europa e no Brasil:

Se na Inglaterra, na França, na Alemanha e nos Estados Unidos a máquina provocou desajustamentos relacionados com o ritmo de mudança de natureza humana, em um país como o Brasil ela teria de associar-se a

---

4 Dean (1991, p. 121) observa que na década de 1930 "os produtores norte-americanos de veículos e máquinas, notadamente a Ford e a General Motors, começaram a montar seus produtos com peças importadas principalmente porque o transporte do equipamento desmontado era mais barato e porque as decisões do mercado, como a cor e o estilo da carroçaria, se acomodavam melhor localmente".

5 Exemplos riquíssimos da manutenção da atividade artesanal na indústria estão em MARI (1981).

desajustamentos ainda mais graves. A razão disso está na forma abrupta de introdução da máquina e na falta de experiência socializadora prévia (FERNANDES, 1974, p. 76).

A rapidez das transformações a que se refere Florestan Fernandes está diretamente ligada à questão da inexistência de um tempo de gestação – de projeto – que caracteriza a indústria brasileira e que se agrava com o "*horizonte intelectual acanhado, estreito e impotente diante de um destino histórico-social captado por transplantação*".

As condições de recriação industrial e sua importação, assentadas num universo intelectual acanhado e limitador, se aguçam diante de algumas características do empresário brasileiro. Florestan Fernandes (1974, p. 80)observa a respeito dessa classe que tem "*a propensão a reduzir o alcance das reinversões na própria empresa*", assim como "*a inverter parcelas elevadas em gastos suntuários e ainda é preciso não ignorar a tendência mais sutil, associada ao desinteresse relativo dos empreendedores por uma autêntica política de aceleração da industrialização no país*".

Ora, a atividade do desenho industrial, pelo tempo de trabalho necessário para a formulação de um projeto autônomo, é muito maior e complexo do que a simples cópia de modelos importados, e demanda a participação de pessoas que dominam saberes técnicos e de linguagem, com formação que exige remuneração bem mais alta do que a de um operário.

Ao comentar seu retorno ao Brasil, depois de ter cursado a escola de Ulm, Alexandre Wollner refere-se aos problemas do estabelecimento do *forminform*, primeiro escritório de desenho industrial e comunicação visual brasileiro formado por ele, Geraldo de Barros, Ruben Martins e Walter Macedo em 1958:

Com o design de produtos para a indústria brasileira a história já foi bem diferente. Não havia uma cultura industrial para investimentos em pesquisa de produtos no Brasil. Praticamente toda a produção brasileira era adaptada ou copiada. A intenção do forminform era atuar e participar no processo evolutivo do produto brasileiro, aproveitando a oportunidade da abertura política desenvolvimentista do presidente Juscelino Kubitschek. Uma das intenções da vinda de [Karl Heinz] Bergmiller ao Brasil era aproveitá-la para desenvolver projetos de industrial design.
Em 1959, trabalhamos para a indústria de embalagens industriais Ibesa. Inicialmente, abordamos o programa de identidade visual da empresa e de um de seus produtos: as geladeiras Gelomatic. Sempre que possível, discutíamos sobre a viabilidade de desenhar as geladeiras produzidas pela indústria. Bergmiller assumiu o projeto. Foi desenvolvida uma linha de sete mo-

delos retilíneos, que visavam inclusive à economia na produção industrial como uso de ferramentas preexistentes. Por dificuldades como a incompreensão dos empresários e a pouca experiência do forminform, o projeto não foi adiante (WOLLNER, 2003, p. 127).

A comunicação visual do produto, atividade mais próxima da propaganda, já que representa produto, empresa ou instituição, pode ser exercida, pois não implica grandes investimentos (em ferramenta e pesquisa), o que é sempre exigido no projeto de desenho industrial. Mesmo contando com parque gráfico temporariamente desatualizado, foi possível construir imagens modernas nos anos 1950, como argumentou Heloísa Chypriades em seu trabalho (CHYPRIADES, 1996, p. 60-68).

Um fato que reafirma essa espécie de esquizofrenia que veio a atingir o desenho industrial brasileiro (ênfase no design gráfico e timidez no design de produto) foi o estabelecimento de uma "filial" do escritório de Raymond Loewy em São Paulo. Charles Bosworth, engenheiro californiano responsável pela abertura da filial paulista, disse que Loewy imaginava uma grande cartela de clientes, em todas as áreas de design. A esperança não se concretizou. O escritório de São Paulo conseguiu realizar algumas marcas, algumas embalagens e acabou participando de projetos imobiliários...

Alexandre Wollner (WOLLNER, 2003, p. 55) chegou a estagiar nesse escritório, conforme relata em seu livro:

Bardi me incentivou a fazer alguns estágios em agências de publicidade. Primeiro, indicou-me o bureau do famoso estilista americano Raymond Loewy (cigarros Lucky Strike, Coca-Cola, Studbaker etc.) (sic), que desde 1949 estava radicado em São Paulo, na rua Marconi. Tive uma entrevista com o principal encarregado do escritório, o engenheiro americano Charles Bosworth, que me deixou assistir a evolução (sic) de alguns trabalhos que realizava no Brasil: a instalação das lojas de calçados Clark, a linha de embalagens dos sabonetes Fantasia, das Indústrias Matarazzo, e as marcas Laminação Nacional de Metais e Grupo Industrial Pignatari. Em 1952, o escritório foi desativado por insuficiência de trabalho rentável para um tal empreendimento.

CULTURA, ALICERCES INVISÍVEIS

As análises de José Carlos Durand (DURAND, 1989) indicam, em princípio, que o território da arte (que faria parte do universo cultural) parecia extrínseco aos processos produtivos. De modo geral, a arte operaria como fator de privilégio e distinção, alheia, portanto, ao fazer intrínseco da empresa capitalista. Ao analisar as escolas do MASP, Durand aventa a hipótese de que os cursos de propaganda e design prepariam profissionais para o complexo empreendimento de indústria cultural de Chateaubriand, embora não se saiba de nenhum formando do IAC que tenha trabalhado para os Diários Associados. De toda maneira, ainda que assim fosse, os profissionais formados em design prestariam serviços de identidade visual, da embalagem, da animação, enfim, no design visual que, de fato, sofreu uma expansão bem maior e fecunda do que o design de produtos no Brasil.

Florestan Fernandes diz da falta de interesse do empresariado em melhorar a educação (FERNANDES, 1974):

> *Esses fatos estão associados à incompreensão da importância do ensino básico e da ciência para a urbanização, a renovação das técnicas agrícolas e, em particular, para a industrialização. Na verdade, os industriais brasileiros quase não fizeram pressão alguma para alterar o sistema educacional brasileiro e para expandir a produção de conhecimentos científicos no país. A empresa industrial brasileira dependeu, de modo quase exclusivo até há pouco tempo, mais da oferta de grande massa de trabalho, que de trabalho qualificado e especializado. Em consequência, as escolas profissionais que se criaram, nesse período de tempo, ou eram um fardo e uma superafetação mantidos pelas indústrias para salvar as aparências, ou formavam especialistas em campos de tecnologia que exigem conhecimentos complexos, às vezes de nível superior.*

O texto de Florestan Fernandes é de 1959, quando o governo Juscelino Kubitschek já instituíra seu Plano de Metas, dando abrigo às empresas internacionais fabricantes de automóveis e outros bens de consumo duráveis. Sua análise de longo termo e sua fala dirigida aos próprios empresários revelam pontos de estrangulamento do desenvolvimento industrial brasileiro que têm direta ou indiretamente conexões com a atividade do design: tecnologia, educação e pesquisa científica.

Ao discorrer sobre o design industrial como fator de integração social, Giulio Carlo Argan diz o seguinte:

> *Como constatação de fato, o design – nas suas várias espécies que investem todo o campo das formas, dos móveis e utensílios às grandes estruturas urbanas – tende a irradiar-se tanto no terreno estético quanto no econômico e a cancelar o limite que tradicionalmente os separa. Ele se coloca, portanto, como fator de integração social e tem como objetivo atingir seus*

fins por meio de uma metodologia, mais do que por meio da imposição e divulgação de um dado gosto formal. O caráter metodológico do design é confirmado pelo fato de que ele implica no próprio princípio a ideia de projetar ou de planejar e, portanto, do próprio e contínuo superar-se; ele pode, portanto, considerar-se como o meio específico do progresso na produção, e assume-se a produção como função da sociedade, como meio de progresso social (ARGAN, 2003, p. 73, trad. minha).

Damos por demonstrado que o design, propondo-se a trazer a qualidade na série, não visa apenas a atualizar os processos artísticos adequando-se aos grandes meios de produção, mas a reformar as próprias condições da produção industrial, que em regime capitalista parece inspirar-se em interesses puramente quantitativos (ARGAN, 2003, p. 75, trad. minha).

Essa reforma das condições da produção industrial, constitutiva da natureza do design, só pode ser exercida no quadro de interesses do empresário, aquele de quem *depende o poder ser de um projeto*, nas palavras de Enzo Mari. Segundo Mari, o projeto que resulta em alta qualidade só pode ser realizado a partir de mentalidades empresariais que se envolvam com o projeto; que tenham necessidade de ser úteis ou que queiram passar para a história – no sentido de contribuir para melhorar o mundo tornando possível a produção de objetos de qualidade exemplar (MARI, 2001, p. 54-56).

É claro, esse tipo de compromisso, embora possa existir até hoje, foi superado pela aceitação definitiva do design como instrumento mercadológico, meio de repor aceleradamente produtos em mercados saturados. Não era ainda a questão nos idos dos primeiros anos da segunda metade do século XX no Brasil.

É fato que o IAC não "vingou". É fato também que a formulação do IAC foi original com relação às escolas de projeto italianas. Não havia escola de desenho industrial na Bota. Os designers italianos eram arquitetos, engenheiros ou artistas de formação. E a Itália demorou décadas para implantar o ensino específico de design.

É, sobretudo, a especificidade da condição periférica, tal como formulada por tantos cientistas sociais latino-americanos, que desnuda as semelhanças – apenas aparentes – entre as indústrias e os serviços norte-americanos e seus similares brasileiros.

Os fundamentos do IAC entendiam o Brasil como país "atrasado" com relação aos países europeus e aos Estados Unidos, e não como o outro lado da moeda de um mesmo processo histórico, da divisão internacional do trabalho, que resulta em países centrais e periféricos.

Como explica Celso Furtado (2008), a modernização da burguesia brasileira se deu pelo acesso ao consumo, não pela produção. O design, como ferramenta de inovação, é parte integrante da escalada de acumulação capitalista, na qual as empresas privada têm peso fundamental para modificar bases técnicas e especializar o consumo. No entanto, em nossa condição periférica, o design teve muito mais peso representacional do que de inovação produtiva.

É assim que se entende que os ex-alunos do IAC tenham sobressaído na área do design gráfico, da decoração e da arquitetura de interiores, do paisagismo, mas não do design de produtos. Ou seja, estava dado o design gráfico como território do estabelecimento da identidade corporativa das empresas, prática representacional, possível de ser adotada no Brasil. A decoração e arquitetura de interiores é prestação de serviços suntuários e nada tem a ver com a esfera produtiva. Quanto ao design de produtos, além daquele realizado pelos próprios designers, foi um terreno lentamente aberto em espaços e medidas que ainda estão sendo estudadas. E que pressupôs a industrialização intensiva do período JK, que teria início em 1955.

SINCRÉTICO, HÍBRIDO, MESTIÇO, CABROCHE, AMALGAMADO...

O IAC teve importância não por ter sido "a primeira escola de design do Brasil", mas por ter conseguido reunir professores e alunos capazes de conformar espaço de trabalho com saber próprio, que viria a se tornar importante para a sociedade brasileira nas décadas vindouras[6].

A abertura da escola deu asas a um discurso e uma prática que foi importante na formação de uma geração de designers que partilharam dos ensinamentos modernos, mas mantiveram posturas menos sectárias frente às questões que, durante muito tempo, cindiram o mundo do design. Algumas dessas questões foram o *good design* norte-americano, a *gute Form* alemã e o *styling*, espécie de recriação, na arquitetura, no design e nas artes, dos embates da Guerra Fria.

Pode-se dizer que a escola resultou da união de intelectuais e artistas com formações diversas, produzindo resultado híbrido, misturado ou amalgamado. O conceito de culturas híbridas, criado pelo sociólogo Néstor Garcia Canclini (2003), refere-se ao cruzamento entre tradicional e moderno. Aqui emprego a palavra no sentido estrito de um entrelaçamento de posturas contemporâneas e tidas como antagônicas. A palavra "híbrido", no entanto, tem origem na genética e designa

---

6 Flávio Motta comentou o seguinte: "O IAC resultou em três casamentos – Irene Ivanovsky e Jacob Ruchti; Maria da Gloria Leme e Maurício Nogueira Lima; Alexandre Wollner e Estella Aronis. Isso já não é o bastante para uma escola?".

animal estéril, que resulta do cruzamento entre dois representantes de diferentes espécies. Portanto, não me parece a palavra mais adequada para o design do IAC, que "cresceu e se multiplicou".

Pode-se dizer que, além da raiz racionalista e concretista, houve abertura para outras matrizes na formação dessa primeira geração (exceção feita a Alexandre Wollner, cuja formação foi completada, após o IAC, na Escola de Ulm), e isso talvez se deva a uma postura do casal Bardi, que mantinha um programa cultural comum – a defesa do moderno – apesar de suas divergências políticas, fruto, provavelmente, de seus vínculos com a arquitetura e o design italianos. O design italiano do pré-guerra teve sua formação eivada pelo futurismo e mesmo na obra de Giò Ponti, mentor de Lina Bo Bardi, não há representação da "sociedade maquinista baseada no cubo", tão cara aos alemães.

Não é curioso que o *forminform*, primeiro escritório de design a assumir esta nomenclatura no Brasil, fundada por Wollner e que teve a participação de outro ex-ulmiano, o alemão Karl Heinz Bergmiller, tivesse como lema "A boa forma vende mais"? Que a boa forma, sempre defendida como virtude, na esfera da moral, tivesse se resignado no Brasil a "vender mais", explicitando o caráter de auxiliar nas estratégias de comercialização dos produtos? É evidente que a união da escola de Ulm com a empresa Braun trazia esse conteúdo mercadológico claro. O design para a Braun foi parte de estratégia de exportação, vinculada a ideário modernizante e cientificista, preconizado pelo alto modernismo norte-americano.

Ao mesmo tempo, relegar a produção de Raymond Loewy e outros designers norte-americanos a uma reles estilização é postura sectária. Ao discutir as raízes formais do desenho industrial, enxergando uma delas no próprio desenho industrial, Julio Katinsky (1999, p. 37) diz que:

> *As formas industriais aerodinâmicas futuristas com certeza inspiraram Henry Dreyfuss e Raymond Loewy quando desenharam locomotivas para as ferrovias norte-americanas que, por sua vez, inspiraram o desenho das locomotivas posteriores.*

O futurismo informou a base formal do *styling*. Possivelmente, sua reprovação por remanescentes e continuadores da Bauhaus deve-se, em muitos casos, à sua explícita função mercadológica. O horror de muitos funcionalistas ao *styling* se deve à não admissão de aspectos simbólicos em seu próprio trabalho, conforme apontaram Venturi e Scott Brown, que falam do *simbolismo do não simbolismo* e da arquitetura funcionalista como mais simbólica que funcional.

Esse sectarismo contra Loewy é bem descrito por Katinsky, ao reconhecer que a incorporação da *estética aerodinâmica de origem longinquamente futurista* obte-

A máquina de café desenhada por Gió Ponti para a empresa La Pavoni, em 1949, mostra raízes do futurismo que também reverberaram no *styling* da indústria norte-americana.

ve economia de combustível. Apesar disso, ao sustentar que o feio não se vende, Loewy teria subtraído o suporte de uma utopia por meio do desenho industrial. *O jeito foi desmoralizar seu autor. Em parte isso foi conseguido: "os críticos acadêmicos pouco se referiam a ele. Para a crítica especializada, era como se ele não existisse. Mas, em longo prazo, sua afirmação se impôs"* (KATINSKY, 2005, p. 10).

No entanto, se o design italiano desempenhou, de fato, mesmo que indiretamente, papel matricial no IAC, não houve condições para que o design industrial de produtos fosse absorvido pelas indústrias da época. Desse modo, os ex-alunos do IAC que efetivamente seguiram carreira como designers destacaram-se, em sua maioria, no design gráfico – muito desenvolvido na Suíça, na Alemanha e nos Estados Unidos.

Some-se a isso a importância dos concretistas, sua presença no corpo docente do IAC e a própria aproximação de alguns ex-estudantes do IAC com o movimento, e entenderemos o desenvolvimento da matriz suíço-alemã de design gráfico em São Paulo.

A meu ver, portanto, a contribuição específica do IAC a uma prática, formulada enquanto tal, de design no Brasil decorre desse amálgama referencial do desenho de Loewy, representante mais conhecido do design industrial norte-americano desde os anos 1930, e do racionalismo bauhausiano que ganhou novos contornos nos Estados Unidos com a fundação da *New Bauhaus* e da escola que se transformaria no *Institute of Design de Chicago*, de Lazlo Moholy-Nagy.

É importante lembrar que, ao mesmo tempo que o IAC era gestado e efetivamente aberto no MASP, estava sendo planejada a Hochschule für Gestaltung Ulm, dirigida por Max Bill, que tantos filhotes produziu no mundo da Guerra Fria – especialmente na América Latina. Em Ulm, o *styling* era renegado. Tomás Maldonado, diretor daquela escola depois de Max Bill, diz o seguinte:

Naturalmente, há por exemplo, na Inglaterra, um grupo de arquitetos e de artistas que estão muito interessados em fazer crer ou que defendem com grande entusiasmo a ideia de que o styling é a arte popular de nosso tempo. Não creio. Creio que o styling tem um patrão, e que esse patrão não é o povo. Há um certo maquiavelismo no styling... Creio que não podemos subestimar os aspectos alienados, os aspectos mistificados do industrial design de nosso tempo, isto é, em que medida o styling está a serviço dos interesses de uma cultura social que não é verdadeiramente proveitosa para um melhor desenvolvimento (MALDONADO, 1961).

Não há no discurso dos egressos do IAC alusão salvacionista do design como redentor da sociedade capitalista. Há, sim, uma postura de "competência" frente aos clientes, como se pode ver no depoimento de Emilie Chamie:

... você pode convencer qualquer pessoa de que é um bom trabalho, e você deve ser convincente, essa é a charada... Mesmo que o cliente não entenda muito bem, por alguma razão ele se conecta. Agora, existem os enxeridos, que dizem preferir o azul ao cor-de-rosa, por exemplo; aí a gente deve ser firme e dizer que ele está se metendo na atribuição que é sua, de profissional (apud LEON, 2009, p. 60).

O IAC realizou a defesa dos objetos industriais modernos, da arquitetura e da arte moderna em paralelo a iniciativas na moda e na publicidade, percebidas como mercado de atuação profissional dos futuros formandos, o que leva a crer que a escola se sintonizou com o mundo do consumo, muito mais do que com a *Gesamtkunstwerk*, defendida especialmente no Art Nouveau. Tratava-se para o IAC de formar profissionais que atuariam junto à elite, propondo formas modernas a serem compradas pelo público consumidor.

Desse modo, a racionalidade pretendida na arte, na arquitetura e no design não se coaduna com o ideário utópico socialista ou social-democrata. O racional e moderno de Bardi, de Ruchti, de Haar são instrumentais, e independem de ideário político libertário.

Do ponto de vista de Pietro Maria Bardi, há absoluta coerência com seu passado de defensor da arquitetura racionalista na Itália de Mussolini, tão bem descrito por Tentori (2000). A preocupação de Bardi com a esfera da produção industrial, do vitrinismo, da *"attrezzatura"* doméstica e da moda o faz parecer extremamente contemporâneo na compreensão do design, entendido como o mundo geral da mercadoria.

Como diz Hal Foster (2002, p. 19), "*o velho projeto de reconectar Arte e Vida, endossado de diferentes maneiras pelo Art Nouveau, pela Bauhaus e por muitos outros movimentos foi eventualmente cumprido, mas de acordo com os ditados espetaculares da indústria cultural, não as ambições libertárias da vanguarda. E a forma primária desta reconciliação perversa em nosso tempo é o design.*

Ou ainda:

... o mundo do design total é quase novo – imaginado no Art Nouveau, foi reorganizado pela Bauhaus, e espalhado por clones institucionais e cópias comerciais desde sempre – mas parece somente ter sido realizado em nosso recente presente pan capitalista. Há tempos na produção de massa, a commodity era sua própria ideologia, o Modelo T seu próprio anúncio publicitário: sua maior atração residia na sua mesmice abundante. Em breve isso não seria suficiente: o consumidor tinha de ser induzido para a realimentação da produção (esse é um dos cenários originários da produção moderna) (p. 19, trad. minha).

A obsolescência simbólica praticada pelas empresas fez que os produtos duráveis se aproximassem da moda, tivessem sazonalidade e hoje é comum vermos lançamentos de objetos da *casa verão, temporada 2006* etc. Esse universo, já denunciado pelos utópicos descendentes da Bauhaus, como Moholy-Nagy, encontra embrião referencial no MASP, embora só vá estabelecer-se como moeda corrente das escolas de design muitos anos mais tarde.

É preciso ressaltar que Lina Bo Bardi procurou novo caminho, dentro da tradição utópica. Ela passou a olhar, cada vez com mais atenção, para as soluções de nosso pré-artesanato, as soluções de sobrevivência da população nordestina, que colecionou, documentou e expôs, quando o design industrial lhe parecia *proliferação especulativa de gadgets* (BO BARDI, 1994, p. 11).

Decepcionada com os rumos do design industrial, Lina Bo Bardi trabalhou, na década seguinte ao IAC, para a criação de uma escola que reunisse desenho industrial e artesanato, em Salvador, que pode ser conhecida em Risério (1995) e Rossetti (2005). Tratava-se, então, de reconhecer as práticas do nosso pré-artesanato como soluções técnico-estéticas geradas pelas estratégias de sobrevivência da população pobre e que se coadunariam com uma industrialização nascente no Nordeste, conforme explica Eduardo Pierrotti Rossetti:

A implantação da Escola de Desenho Industrial e Artesanato é defendida por Lina enfatizando a importância social e a viabilidade econômica que ela teria, ao se ocupar de mão-de-obra disponível, ao utilizar matérias-primas dispensadas pela indústria e por diversificar a economia do Estado. O objetivo da Escola de Desenho Industrial e Artesanato consistia em eliminar a diferença entre os que projetavam e aqueles que executavam objetos manufaturados a fim de integrá-los ao processo industrial. A nova dinâmica de integração dos conhecimentos pretendia instaurar um processo de criação no processo industrial a fim de conservar os valores coletivos da base social e promover a integração do conhecimento sobre as matérias numa outra escala de produção. Assim, se efetivaria a conversão das escalas de produção, passando de uma escala pré-artesanal para uma escala de produção industrial (ROSSETTI, 2005).

Esse não foi o caminho conhecido das escolas formais de design no país. Hoje, as relações design/produção artesanal, incentivadas por organismos como o SEBRAE, visam criar mercado para peças adequadas ao gosto do consumo, sem transformar a natureza do trabalho do artesão ou, às vezes, reproduzindo-a da forma mais cruel ao manter e aprofundar a distância entre o saber intelectual/racionalizador/mercadológico dos designers e os saberes "manuais" dos artesãos (cf. LEON, 2005).

Em contraste com a proposta de Lina, a visão de Pietro Maria Bardi sobre nosso design foi se tornando cada vez mais positiva. Ao longo de sua vida, ele dedicou vários artigos ao assunto, apontando avanços de projetos gráficos como o do *Jornal da Tarde*; os objetos criados por José Carlos Bornancini e Nelson Ivan Petzold; as joias e luminárias de Livio Levi; a gráfica de Ruben Martins em artigos em exposições do MASP.

Em 1982, ao realizar a exposição "O design no Brasil, história e realidade" no Sesc-Pompeia, em São Paulo, coordenada por Pietro e por Lina Bardi, o MASP apresentou metade do catálogo de objetos indígenas, instrumentos de trabalho, embalagens e objetos domésticos do século XIX, peças kitsch, cartazes publicitá-

Arabescos art nouveau na embalagem de chá projetada pela DIL. Arquivo da autora.

rios dos anos 1940; e metade com objetos gráficos, móveis e utilitários projetados por designers, dos anos 1950 em diante[7]. Como se metade da exposição tivesse sido organizada por Lina e metade por Pietro Bardi.

Há aí, portanto, um reconhecimento do que vinha sendo feito nas três décadas anteriores, inclusive no setor das embalagens e do planejamento visual de ônibus, em que vigoram escolhas formais de matrizes não racionalistas, tais como embalagens da Dil (como a do chá Ly) e o projeto decorativo dos ônibus da Viação Esplanada. A exposição, operação legitimadora do design, faz uma escolha ampla e inclui esses artefatos – o que reafirma a opção híbrida da visão de Bardi, que informou em muito o IAC.

Desse modo, acredito que os estudos historiográficos de design no Brasil devem levar ao (re)conhecimento de matrizes sincréticas, que conseguiam unir racionalismo e marketing. Elas foram responsáveis por abrir a esfera das opções formais para raízes não racionalistas. Mais do que isso, retiraram dos designers qualquer conflito entre sua atividade e o mercado, muitas vezes sublimado em seu discurso.

Esse amálgama tem uma de suas origens no Instituto de Arte Contemporânea e um de seus abrigos posteriores no próprio MASP, centro de exposições nacionais e internacionais. Projetar para o mercado, entrelaçar-se com ele e educá-lo era o ideário do IAC, muito mais do que adotar uma única fé estilística.

No mesmo ano do fechamento do IAC, 1953, o MASP abriu uma escola de formação de professores de desenho dirigida por Flávio Motta e que se mudou para a Fundação Armando Álvares Penteado[8]. O curso também se baseava no Vorkurs da Bauhaus e visava preparar educadores de educação visual. Essa foi a escola que substituiu o curso de desenho industrial.

O projeto inicial anunciava uma série de cursos que comporiam o Instituto de Arte Contemporânea, entre os quais um curso completo de artes gráficas (litogra-

---

7   *O design no Brasil – história e realidade*. Centro de Lazer SESC – Fábrica Pompeia Museu de Arte São Paulo Assis Chateaubriand, 1982.

8   Formação de professores de desenho. *Habitat* 55, p. 16-18. Também o mensário de arte publicado pelo MASP (fevereiro de 1954) anuncia os cursos do museu naquele ano letivo: "Este ano funcionará junto à Escola de Propaganda o 'Curso para a formação de desenhistas profissionais'. Esse curso, um dos mais antigos do Museu, funcionou, inicialmente, com a designação de Instituto de Arte Contemporânea, passando, depois, à designação atual. Constará das seguintes matérias: Composição: prof. Bramante Buffoni. História da Arte: Flávio Motta. Elementos de Propaganda sob a orientação da 'Escola de Propaganda' do Museu. Elementos de Arquitetura e Desenho Geométrico: arq. Lina Bo Bardi, Roberto Tibau e prof. Anwar Damha. Seminário: serão convidados vários artistas e especialistas. Horário: das 18.15 às 21 horas (menos aos sábados). Ingresso: mediante prova de seleção. Taxa mensal: CR$ 350,00."

fia, xilogravura); um curso de pintura a fresco; um curso de desenho industrial em suas diversas aplicações (publicidade, móveis etc.), curso de História da Arte e Estética; de fotografia, decoração, teatro, cenografia, escultura e tecelagem. Esses cursos não se realizaram e o convênio entre o MASP e a Fundação Armando Álvares Penteado não prosperou muito. A FAAP abriu seu próprio curso de desenho industrial em 1967.

Em 1953, ano do fechamento do IAC, a fábrica Brasmotor (fabricante de geladeiras e de motores de automóveis) trazia, pela primeira vez ao Brasil, o veículo Kombi, fabricado pela Volkswagen da Alemanha. Utilitário de linhas absolutamente retas, pode ter auxiliado a referendar um novo gosto do público por aquela arte industrial, tão alardeada por Bardi. O êxito de vendas foi tão grande, que, em 1957, a Volkswagen se instalou no Brasil, passando a produzir a Kombi em solo brasileiro.

O ano de 1953 se encerrou com a inauguração da II Bienal, marca definitiva da cidade de São Paulo como referência na arte contemporânea mundial e que consagrou a arte moderna e construtiva entre nós. Se o IAC não vingou, a arte construtiva, da qual a escola estava tão próxima, certamente ajudou a firmar novos parâmetros de gosto no Brasil, que incidiram sobre a produção industrial. E o IAC, embora tenha durado apenas três anos, formou profissionais alinhados a um mercado que se abria com a fase intensiva da industrialização brasileira.

Não é pouco, convenhamos.

04

ALGUMAS QUESTÕES EM TORNO DO IAC

O IAC foi uma iniciativa sobre a qual vale a pena refletir de múltiplas maneiras. Algumas nas quais me aventuro parecem pertinentes para uma discussão sobre a prática do design brasileiro desenvolvido na época e posteriormente. A primeira delas diz respeito às concepções sobre o lugar do designer nas estruturas produtivas.

O LUGAR DO DESENHISTA INDUSTRIAL

Como talvez os textos de Bardi sobre o IAC sejam os primeiros no Brasil a falar da disciplina do desenho industrial, como herdeira das tradições da Bauhaus, vale a pena investigar como neles se veem aqueles que a exercem. Qual o lugar destinado ao desenhista industrial na estrutura produtiva? Nessa questão, o IAC parece amalgamar distintas referências na área do design industrial.

No texto intitulado *Uma Escola de Desenho Industrial no Museu* (Bardi, manuscritos s/d, MASP), Bardi anuncia a inauguração da escola e configura a atividade de desenho industrial como aquela em que as linhas estéticas das artes puras serão adaptadas às artes aplicadas, tornando, desse modo, a arte vinculada às utilidades diárias da vida prática num conjunto harmonioso de todas as artes.

Aqui está claramente delineada não só a ideia de arte ligada à vida quotidiana, mas também à visão de conjunção de todas as artes, ou a obra de arte total. Qual a filiação da ideia de obra de arte total? Além de creditar a origem primeira do conceito a Richard Wagner, que escreve *A obra de arte do futuro* (1849) como fusão de todas as artes, pode-se seguir alguns dos passos desse conceito na filiação medievalista de John Ruskin a Augustus Pugin, seguida pela prática (e também pelos conceitos elaborados em muitos textos de conferências) de William Morris. A ideia de obra de arte total, presente na prática arquitetônica de Pugin, que desenha cada detalhe das obras que projetou, entre as quais tecidos, papéis de parede, móveis e louça, ganhou força e atualidade nos projetos de William Morris, como a Red House e a Green Dining Room do Victoria and Albert Museum, projetos esses que definirão o papel do artista como "total".

Bastante distante dessa concepção está a prática de um designer como Christopher Dresser, reabilitado em exposições realizadas no MOMA e no Victoria and Albert Museum e em vários estudos recentes[1]. Dresser, a quem Pevsner dedica poucas linhas em seu livro *Os Pioneiros do Desenho Moderno*, emerge, nos últimos anos, como projetista de extrema modernidade, especialmente nos objetos metálicos. Ele pertencia ao grupo de Henry Cole e a Owen-Jones que, com sua *Gramática do Ornamento*, definiu um lugar mais operativo do "artista industrial", ou do *"art worker"*, ou *"art-advisor"*, bem distante do que Morris defendia em seus chamados éticos e socialista-românticos de uma comunidade de artesãos.

O papel de Christopher Dresser parece muito mais próximo daquele desejado pelo IAC do que o do artista total, já que Bardi fala de jovens com uma preparação técnica e artística bem dirigida. Enquanto Morris representa uma resistência dos saberes artesanais com relação aos avanços do capitalismo industrial inglês, Dresser encarna a figura do que ajudará a banir os artesãos do processo de produção das mercadorias.

O retorno aos ofícios de Morris levou à valorização de padrões anteriores ao Renascimento, seja do ponto de vista da organização do trabalho, seja do ponto de vista de suas realizações finais. É a partir do partido "pré-rafaelita" que se entende a valorização dos ornamentos; as escolhas tipográficas; a recuperação de saberes vernaculares.

Já em Christopher Dresser se desenha claramente a separação de projeto e produção; a concentração de saberes nas mãos do designer, substituindo uma gama de artesãos especializados. E, ao desenhar objetos metálicos, uma ruptura clara com padrões historicistas.

O criador do IAC manterá a ideia, comum ao pensamento moderno, de artista total, remetendo, portanto a Morris, ao Arts and Crafts e à primeira Bauhaus; mas, para ele, o "artista total" diz respeito à extensão das tarefas de projeto, que vão do design editorial à arquitetura, enquanto a ideia de "conselheiro artístico" de Dresser diz respeito ao lugar de intelectual detentor de um saber a serviço dos industriais.

O designer almejado pelo IAC é o consultor, respeitado por seu saber técnico, atuando junto a empresários. Lugar, portanto, muito próximo ao de Bardi com relação a Chateaubriand. Seria, então, um quadro dirigente como aquele desejado

---

1   O Victoria & Albert Museum apresentou, em 2004, grande mostra dedicada a Dresser e publicou um livro com sete estudos sobre sua vida e obra: WHITEWAY, Michael (Org.) 2004. Também são dignos de nota os estudos de HALÉN, 1990; e de LYONS, 1999. O livro de PASCA, PIETRONI (2001) mostra como a pouca importância atribuída por Pevsner a Dresser teve como consequências (ou fez parte de uma estratégia para) traçar uma linha reta e constante da história da arquitetura moderna, omitindo suas contradições e controvérsias.

pela Bauhaus (Cf. ARGAN, 1988). Não se tratava de um técnico de formação média trabalhando diretamente na produção industrial, nem tampouco um não profissional, um artista-artesão, entendendo o design como disciplina ética, à feição de William Morris.

Bardi, equipe de arquitetos, artistas e técnicos, deseja formar jovens dedicados às artes industriais e capazes de desenhar objetos atualizados. Jacob Ruchti, em sua apostila, refere-se aos jovens estudantes como futuros artistas (aqueles que têm qualidades inatas, que não podem ser ensinadas) e não técnicos (RUCHTI, 1951b, p. 2).

A dedicação à arte industrial não se limita ao desenho de objetos racionais, mas *deve ressaltar o sentido da função social que cada projetista, no campo da arte aplicada, deve ter em relação à vida.* Novas ideias, novos empreendimentos estéticos devem nascer da prática desses estudantes, em colaboração com a indústria. Não se buscam aqui aqueles profissionais encarregados de reproduzir padrões artísticos em objetos. Cabe-lhes, sim, a tarefa de criação, o que os coloca lado a lado com os artistas. Ou seja, do ponto de vista da formação, esses jovens deverão dominar um conjunto de conhecimentos acessíveis apenas àqueles que transitam no mundo da alta cultura.

Seus futuros formandos serão dirigentes, uma elite da indústria, encarregados do trabalho intelectual de criação de formas repassadas à indústria. Como sugere o texto seguinte de Jacob Ruchti sobre o IAC:

E, de fato, nesse sentido, o desenhista industrial é um arquiteto: ele não projeta prédios, mas projeta rádios, automóveis, geladeiras etc. – com o mesmo respeito pelos materiais, pela função e pela técnica, como aquele que o arquiteto emprega em seus projetos. E é justamente isso que o IAC visa: a formação de desenhistas industriais com mentalidade de arquitetos (RUCHTI, 1951).

Em matéria publicada um ano antes da abertura efetiva do curso de desenho industrial do IAC, pode-se ler:

Assim, torna-se necessário frisar, aos homens responsáveis pelos projetos iniciais, que serão entregues aos fabricantes, o alcance e a verdadeira significação do seu trabalho (*Diário de São Paulo*, 8 mar. 1950)[2].

---

2 *No Museu de Arte.* Instalação do Instituto de Arte Contemporânea. *Diário de S. Paulo*, 8 mar. 1950.

Há, portanto, um projeto para que os formandos do IAC façam parte de uma elite, aquela responsável pelo trabalho intelectual, de criação dos objetos industriais, mas também uma ressalva de que eles não são exatamente artistas, mas sim jovens com uma preparação técnica e artística bem dirigida. O estatuto do designer industrial, motivo de apaixonadas controvérsias, tem no IAC um de seus cenários, embora tanto nos textos, quanto nos depoimentos de seus ex-alunos, não apareçam enquanto tais.

Talvez as múltiplas origens sociais e de formação do designer como profissional ao longo dos séculos XVIII e XIX e da primeira metade do século XX – seja nas figuras de artistas plásticos, seja de arquitetos, seja de operários alçados à categoria de criadores por industriais desde o período da Revolução Industrial – tenham criado uma ambiguidade na definição desse lugar, determinada não apenas pela origem social de seus ocupantes, mas também pela natureza e extensão de suas tarefas.

Essa ambiguidade está presente desde o pensamento do Arts and Crafts. William Morris (1963, p. 33 e 34) vê três tipos de trabalhos possíveis no seio da arquitetura: aquele mecânico, que Morris chamará de "fadiga mecânica"; o trabalho inteligente; e o trabalho criativo. Entre o segundo (inteligente) e o terceiro há uma diferença apenas de grau.

O IAC parece destinado a suprir o mercado de certos bens de consumo produzidos com o discernimento, distante da "fadiga mecânica" e, portanto, do Liceu de Artes e Ofícios. Os Bardi reconheciam o desenho industrial moderno, de Gropius e Moholy-Nagy, mas também daqueles italianos dedicados a projetos de mercadorias do pré Segunda Guerra italiano, artistas ou arquitetos modernos, como Giò Ponti, com quem Lina Bo Bardi havia trabalhado em Milão e que o MASP trouxe ao Brasil. Nesse sentido, é lícito dizer que o IAC pretendia dar combate à ideia amadora de decoração, contrapondo-lhe a noção de projeto de equipamentos, numa visão muito próxima àquela de Le Corbusier aos arranjos residenciais internos e a seus móveis.

Pois bem, sim, o Museu de arte criou a escola de arte contemporânea com o intento de criar qualquer coisa de antidiletante, de especializado, com o intuito de colocar o grande problema do equipamento doméstico (leia-se móveis, tecidos, objetos) sobre bases "humanas" e morais, procurando endereçar os responsáveis pelos objetos basilares da vida do HOMEM (leia-se móveis, tecidos, objetos) que tanto influenciam na formação psíquica e moral dos indivíduos, em um sentido honesto e correspondente aos tempos. Em poucas palavras, criar uma classe de desenhistas industriais especializados, libertando a humanidade da classe dos tapeceiros especuladores, dos fabricantes de móveis de bom mercado e dos "decoradores" (BARDI, s/d MASP, trad. minha)[3].

Estão claros aí não apenas um combate cultural – do moderno contra o ecletismo – mas também uma contraposição social. É certo que desenhistas industriais especializados virão de extrações sociais distintas daquelas dos "tapeceiros".

O discurso de Jacob Ruchti traz elementos que mostram uma luta contra amadores e autodidatas, aponta para a profissionalização do desenhista industrial, como se vê no seguinte texto:

> *Numa cidade de enorme desenvolvimento industrial como São Paulo, onde milhares e milhares de produtos são manufaturados diariamente e onde a profissão é difundida, sendo exercida principalmente por amadores e autodidatas, uma escola como o Instituto de Arte Contemporânea representava uma necessidade premente* (RUCHTI, 1951a).

De todo modo, a intenção do IAC de conceder bolsas a "estudantes pobres" mostra que a seleção de quadros para compor o alunato do IAC ultrapassava os limites dos filhos da elite paulistana, e situava-se também nos quadros da classe média urbana, em vários de seus matizes. Por exemplo, Alexandre Wollner, um dos alunos da primeira turma do IAC, vinha de uma família de imigrantes iugoslavos, com pai gráfico e mãe costureira. Estella Aronis, aluna da segunda turma, era filha de família de classe média abastada e sua formação não visava à profissionalização, mas a uma espécie de programa de aperfeiçoamento cultural.

É nítido que os alunos escolhidos pelo IAC compartilhavam da capacidade de transitar no mundo da alta cultura, dada sua formação familiar e escolar anterior. O IAC não era uma escola vocacional para a classe operária e está bem distante da iniciativa imperial na instituição do curso de desenho industrial da Academia de Belas Artes, cujos alunos eram filhos de pequenos comerciantes ou escravos a serem preparados para artífices, mais do que artistas.

---

3   "... Ebbene si, il Museo di arte há creato la scuola d'arte contemporanea con l'intento di creare un qualche cosa di antidilettantesco, di specializzato, con l'intento di impostare il grosso problema dell'atrezzatura domestica (leggi mobili, stoffe, oggetti) su basi "umane" e morali, cercando di indirizzare i responsabili degli attrezzi basilari della vita dell'UOMO (leggi mobili, stoffe, oggetti) che tanto influiscono sulla formazione psichica e morale degli individui, in un sentido onesto e rispondenti ai tempi. In poche parole, creare una classe di disegnatori industriali specializzati, liberando l'umanità della classe di tappezzieri speculatori, dei mobilieri a buon mercato e dei "decoratori". BARDI. P.M. *Manuscritos sobre o IAC*, sem data. Arquivo do MASP. Tradução da autora.

A escola do MASP é de fato herdeira da tradição que vincula a prática do design industrial à formação artística, desde os pré-rafaelitas, e que têm em William Morris e Christopher Dresser dois de seus expoentes, do ponto de vista da origem social e do alto trânsito intelectual e cuja continuidade está em referências da história do design que compreendem os nomes aceitos na historiografia do design, tais como Henry van de Velde, Adolph Loos, Charles Rennie Mackintosh, a Secessão Vienense, a Deutscher Werkbund, De Stijl e a Bauhaus, entre outros.

Também na Itália do pré-guerra, ambiente de Pietro e Lina Bo Bardi, as tarefas de projetos de mercadorias já eram praticadas por arquitetos e artistas plásticos como Giò Ponti, Marcello Nizzoli e Carlo Molino, embora na Botta se encontrassem muitos exemplos do design industrial exercido no plano interno das pequenas fábricas, como Bialetti e Alessi. Essa confluência de empresas pequenas e grandes (Olivetti e Danese, por exemplo) na Itália e de artistas e arquitetos geraram a escola italiana de design, que já germinava antes da Segunda Guerra Mundial.

A aproximação entre artistas e empresários (impreenditori) italianos, especialmente depois da Segunda Guerra Mundial, se deu em período de total reconstrução da sociedade italiana, muitas vezes unindo os saberes de talentosos artesãos e de jovens artistas. Com exceção de algumas grandes indústrias que mantiveram estreito relacionamento com grandes artistas – caso da Olivetti –, muitas das empresas que "fizeram" o design italiano foram pequenas *botteghe* artesanais, cujos proprietários aceitaram riscos, muitos deles com "a necessidade de passar para a história (no sentido de ter contribuído para melhorar o mundo, tornando possível a produção de objetos de qualidade exemplar)", nas palavras de Enzo Mari (2001, p. 54-55).

A tarefa de catequese a que se dedicou Bardi entre empresários, estimulando-os a unir esforços com o IAC, sua decepção com o meio empresarial e sua admiração pelo presumido modelo norte-americano de relacionamento entre designers e empresários apontam para uma compreensão de um modelo de relacionamento em que industriais respeitariam os saberes dos designers industriais como promotores do gosto moderno.

RÁPIDOS APONTAMENTOS SOBRE A QUESTÃO DA ARQUITETURA

O ensino da arquitetura foi uma questão polêmica na Bauhaus e nas escolas de Chicago dirigidas por Moholy-Nagy. No Brasil, a Faculdade de Arquitetura e Urbanismo da Universidade de São Paulo instituiu uma sequência de desenho industrial em 1962, mantendo unida a formação de arquitetos e designers, enquanto no ano seguinte a Escola Superior de Desenho Industrial do Rio de Janeiro abriria seu curso de formação de designers industriais, totalmente apartado das escolas de arquitetura.

Na Bauhaus, apesar de o ensino de arquitetura ter sido defendido como a possibilidade de união das artes, só passou a ser efetivamente realizado a partir da direção de Hannes Meyer. Em Chicago, Moholy-Nagy defendia a posição universalista que habilitaria o estudante a projetar pequenos objetos e edifícios. E a encampação do Institute of Design pelo Illinois Institute of Technology teve como complicador o fato de Mies van der Rohe lecionar arquitetura na escola de arquitetura do IIT. O curso de arquitetura deveria continuar independente de um curso de design? Esta era uma pergunta que se fazia. Com essa divisão não se abriria o flanco de uma construção programática e curricular que afastava arquitetura dos projetos de objetos? Esse foi um debate que perpassou a incorporação da escola fundada por Moholy-Nagy ao IIT.

No IAC, a questão do ensino de arquitetura também foi objeto de reflexão. Tudo levaria a crer que, idealizada como escola próxima à Bauhaus Dessau, o IAC visse na arquitetura a união de todas as artes. Em seguida, examinando as possibilidades de funcionamento em São Paulo e procurando um lugar próprio de intervenção, a direção da instituição reorientou deliberadamente os cursos, de forma a não se reivindicar como escola de arquitetura, embora seu programa e seus conteúdos tivessem forte ligação com os currículos das faculdades de arquitetura. Em notícia da *Folha da Manhã* sobre o IAC, publicada em 13 de abril de 1950, lê-se que haveria cursos complementares, como aquele sobre concreto, dado pelo arquiteto[4] Luigi P. Nervi, de Roma, outro sobre urbanística, a cargo do eng. Piccinato, de Buenos Aires.

Em outro documento está o programa dos cursos de especialização do IAC: evolução do concreto armado por Pier Luigi Nervi; arquitetura dos Jardins por Roberto Burle Marx; acústica na Arquitetura por Rino Levi. A "arte industrial" a ser lecionada na escola passava pelo crivo dos ensinamentos de arquitetos e pelo domínio da arquitetura, dada a composição da congregação, do corpo docente, dos cursos especiais anunciados e mesmo das intenções declaradas de

> *uma orientação nitidamente vanguardista a seus alunos. Pretende o Instituto acentuar o espírito de pesquisa no terreno da arquitetura, urbanismo e artes aplicadas, principalmente no setor industrial* (*Diário de São Paulo*, 8 mar. 1950)[5].

---

4   Na verdade, Nervi era engenheiro.

5   "Instalação do Instituto de arte contemporânea: o belo a serviço da indústria – fundamentos no desenho". *Diário de São Paulo*, 8 mar. 1950.

O ensino se pretendia muito próximo com o de arquitetura, conforme as palavras de Jacob Ruchti:

As cadeiras da 1ª fase, acima enumeradas, formam um curso fundamental, que tem muita analogia com um curso de preparação básica para arquitetos – e nesse contexto, vale a pena lembrar um pensamento do célebre arquiteto francês – um dos pioneiros da arquitetura contemporânea – Auguste Perret, que disse: "Móvel ou imóvel, tudo que ocupa o espaço pertence ao domínio da Arquitetura". E, de fato, nesse sentido o desenhista industrial é um arquiteto: ele não projeta prédios, mas projeta rádios, automóveis, geladeiras etc. (RUCHTI, 1951a).

Também se defendia a ideia da arquitetura como modelo de relacionamento profissional entre os futuros formandos do IAC e o mercado de trabalho, conforme Jacob Ruchti, que visava à formação de desenhistas industriais com "mentalidade de arquitetos[6]. A noção moderna de que cabe ao arquiteto desenhar "da colher à cidade" está expressa na formulação de Ruchti. Além do mais, essa era a prática de alguns professores do IAC. Lina Bo Bardi era arquiteta e projetava de cadeiras a edifícios; Jacob Ruchti, além dos projetos de edifícios, fazia interiores e integraria a Branco e Preto, loja de móveis. No currículo do IAC, a cadeira pertencente à Lina Bo Bardi era de "Noções de Arquitetura".

No entanto, o IAC não se propôs a formar arquitetos, mas a preencher uma lacuna detectada nos cursos de arquitetura já existentes. É o que deixa entrever o texto manuscrito e sem data de Bardi:

A ideia da criação de um Instituto desse gênero obedece aos princípios lançados por Walter Gropius quando da criação da famosa escola de Bauhaus, originando realizações semelhantes em vários países da Europa e da América, destacando-se o Institute of Design de Chicago, orientado pelo esforço incansável de Moholy-Nagy... falta-lhe (ao IAC) naturalmente o que era básico na escola de Gropius, o ensino de Arquitetura, que já é uma técnica e uma arte que possuem uma Faculdade universitária em São Paulo. No mais, porém, toda a programação da Bauhaus se encontra distribuída pelos diferentes cursos do Instituto de Arte Contemporânea.

Ou seja, o IAC, ao adaptar-se às condições brasileiras, abdicou do ensino de arquitetura, mas contou com o saber dos arquitetos envolvidos em seus cursos

---

6 Ibid., p. 62.

e na própria congregação para formar a primeira escola de desenho industrial do Brasil. A sequência de desenho industrial da FAU/USP, de 1962, restabeleceu a unidade a que se propôs o IAC, ao não disputar com a própria FAU[7]. Alguns dos professores do IAC lecionaram na FAU: Tibau, Ruchti, Lina Bardi e Flávio Motta. Também Kneese de Mello e Rino Levi, que faziam parte da Congregação do IAC, deram aulas na FAU/USP.

O IAC E A FORMAÇÃO DO GOSTO

Ao formular-se ao longo do século XIX e nas primeiras décadas do século XX, seja no pensamento de Henry Cole, de William Morris e, mais tarde, dos artistas do Art Nouveau, na Deutscher Werkbund e na Bauhaus, é como se o design industrial ou aqui, especificamente, o conjunto de tarefas do projeto de mercadorias, de bens do cotidiano doméstico, do trabalho e das cidades[8] subvertesse o antigo estatuto da arte. O design de objetos tem função formadora e pedagógica. É por meio dele, presente no cotidiano mais prosaico, que as pessoas poderão entender-se numa nova ordem social que nega a submissão ao primado da religião ou do despotismo político. As vanguardas artísticas, ao voltarem-se para a questão dos meios de sua produção e também para as transformações maquinistas, associam-se, muitas vezes, ao desenho de objetos e à comunicação, lugares privilegiados do fazer artístico. O design deve educar pela prática do objeto cotidiano. No entanto, como ensinar ao público comprador que os objetos livres do ornamento, construídos com materiais estranhos à domesticidade, como o aço tubular nos anos 1920, por exemplo, devem cativar mais do que as ornamentadíssimas porcelanas de Sèvres e Meissen?

A pequena oferta de objetos modernos, por si só, não é suficiente para persuadir o público de sua superioridade frente aos demais. Os modernos "gramáticos do gosto" escreveram defendendo novas posturas frente ao mobiliário doméstico e do trabalho. Se existe um aspecto comum ao repertório de ideias do Arts and

---

7   Julio Roberto Katinsky levanta a hipótese de Bardi ter tido interesse em ver seu curso encampado pela Universidade de São Paulo. Não há documentos que comprovem essa ideia, nem os entrevistados souberam dizer algo a respeito. Katinsky diz que naquele momento, em que a Escola Politécnica e a própria FAU admiravam o projeto interdisciplinar do Tennessee Valley Authority, era improvável que a escola do MASP, cuja visão era restrita, merecesse atenção da USP.

8   Uso a expressão "projeto de mercadorias, de bens do cotidiano doméstico, do trabalho e das cidades" apenas para escapar das divisões entre industrialistas e anti-industrialistas de todo esse período, acentuando apenas a questão da integração da "arte na vida", comum a todas as correntes citadas.

Crafts, por Sir Henry Cole, passando por Henry van de Velde, a Deutscher Werkbund e a Bauhaus (Weimar e Dessau), esse aspecto diz respeito à função social de educação do gosto do público. O IAC comungou desse ideal, abordado em inúmeros textos de Pietro Maria Bardi.

A educação do gosto era vista como necessária por William Morris, e esse gosto se configurava como de extrema sobriedade frente ao padrão vitoriano dos interiores domésticos. Mas o Arts and Crafts não dava atenção à função dos objetos. Respondendo, certa vez, a críticas de que suas cadeiras não eram confortáveis, William Morris disse: "*Se você quer estar confortável, vá para a cama*" (apud MacCarthy, Fiona. "The Designer". In PARRY, 1996, p. 36)

A decadência do gosto, a congestão das cidades, a ruína da paisagem, o aviltamento das condições de vida dos homens denunciados por Ruskin fizeram que Morris construísse um conceito de socialismo e de arquitetura. Morris proclamou a unidade da arte na arquitetura. O sentido de dar prazer pelo uso de objetos comuns da vida doméstica, para Morris, é indissociável das condições de trabalho exercidas na sua produção. Ele se preocupa menos com questões como função apropriada e conforto, embora afirme que "*nada possa ser trabalho de arte se não for útil*". (idem, ibid.) A ideia da utilidade e do prazer do objeto se liga aos aspectos

Os críticos do Museu não conseguiam entender os objetivos de Bardi, ao justapor objetos de uso cotidiano e objetos de artes decorativas do passado. Na foto, a Vitrine das Formas com a máquina de costura Vigorelli. Acervo Instituto Moreira Salles – IMS. Fotografia: Peter Scheier.

formais e a certa frugalidade que defende. A noção de bom gosto, em Morris, é uma ideia moral que diz respeito às condições de trabalho. A força de livros bem impressos (Kelmscott Press) e tapeçarias esplêndidas, são uma espécie de estandarte contra a alienação e a decadência social.

Já Van de Velde se aproxima muito mais do funcionalismo na sua defesa do bom gosto. Para ele, as formas racionais não têm idade, as modernas nascem antigas e as antigas nascem modernas, como os "*...instrumentos de música, as armas, os veículos, os navios e os moinhos, a lâmpada elétrica, as máquinas e engenhos diversos, carros e aviões... Todos esses objetos são produto de concepção racional*". Para Van de Velde, "*A feiura e a imoralidade dos objetos e ambientes levam os homens a não discernir as grandes verdades, já que nas pequenas o que eles veem são falsidades*" (VAN DE VELDE, 1923, p. 25, tradução da autora).

O objeto moderno, para o arquiteto belga, deveria ser isento de ornamentos e "*explicitar a sua finalidade prática. Essa estratégia era consagrada pela tautologia: esse vaso é um vaso, essa cadeira é uma cadeira, essa porta é uma porta. Sob a banalidade tautológica, escondia-se, no entanto, um desejo de eternidade: assim como outros designers e arquitetos modernos, Van de Velde pretendeu realizar o vaso que era o vaso, a cadeira que era a cadeira, a porta que era a porta. A racionalização geraria a forma ideal, definitiva*". (PAIM, 2000, p. 82)

Ao analisar o pensamento e a obra de Gropius, Argan (1988, p. 23) diz: "...*a reprodução em série se torna o processo intrínseco da ideação formal, a máquina; o mais direto meio expressivo do artista.* Esse é o discurso próximo do de Bardi, que declara que o desenho industrial... *procura converter o produto industrial, aquele que é consumido em grande escala, num fato estético e ao mesmo tempo racional*" (BARDI, s/d, MASP). A realização dessa tarefa não cabe, evidentemente, apenas aos formandos do IAC. Sem a compreensão desse novo papel da arte pelos industriais, nada poderá ser feito.

Bardi insiste no "espírito contemporâneo" com um alvo claro: o gosto da elite brasileira que, segundo ele, se comprazia na escolha e aquisição de tronos napoleônicos e outras aberrações. O IAC tinha como missão, portanto, educar o gosto das elites, a partir da execução de produtos industriais que guardassem coerência com a estética da máquina.

Apesar de defender esta orientação, Bardi opera uma grande mudança no que considera unidade das artes, ao incluir nesta definição não só os objetos industriais modernos, a arquitetura e a arte moderna, mas também a moda e a publicidade, percebidas como mercado de atuação profissional dos futuros formandos. Isso leva a crer que o IAC sintoniza com o mundo do consumo, muito mais do que com a *Gesamtkunstwerk*.

05

ALGUNS EX-ALUNOS

Alunos do IAC no terraço do edifício Dos Diários Associados, na rua 7 de abril. Da esquerda para a direita: Virgínia Bergamasco, Glória e Maurício Nogueira Lima, quatro pessoas não identificadas, Estella Aronis, Alexandre Wollner e Emilie Aidar (Chamie). Arquivo Estella Aronis.

Uma das maneiras de conhecer uma escola é verificar o que fizeram seus estudantes, depois de formados[1]. Muitos ex-alunos do IAC trilharam caminho das artes plásticas e do design, especialmente gráfico. Quase todos os aqui reunidos têm conduta gráfica pautada por padrões construtivos, cujo *ornatus* se resume a escolhas tipográficas, geralmente de famílias internacionalmente reconhecidas; uso parcimonioso de cores; construção geométrica.

Alguns deles têm sua obra documentada. Alexandre Wollner, sem dúvida, é o mais preocupado com o registro de sua produção e que mais divulgação teve na imprensa de design. Emilie Chamie organizou, um ano antes de falecer, um livro sobre sua obra. O escritório Cauduro & Martino, fundado por Ludovico Martino, também tem-se esmerado em editar portfólios e lançou um livro de suas marcas – onde constam aquelas da carreira solo de Martino, anterior à sua sociedade com João Carlos Cauduro – e vem sendo objeto de matérias na imprensa de arquitetura e design brasileiras e de teses acadêmicas. Maurício Nogueira Lima e Antonio Maluf têm sua obra estudada por autores no campo das artes plásticas.

Há, no entanto, algumas exceções. Uma delas é Estella Aronis, da segunda turma do IAC, cujo trabalho é ainda muito desconhecido no universo do design gráfico brasileiro. Também Irene Ruchti e Aparício Basílio da Silva ainda não tiveram suas respectivas obras bem documentadas.

---

1   Os estudos feitos sobre a Esdi não cobriram essa enorme lacuna. Quem são e o que fizeram seus ex-alunos? Acredito que esse estudo seja fundamental para avaliar a inserção do design na sociedade brasileira a partir dos anos 1960, que alguns dizem inexistir.

Estella Aronis

Estella Aronis nasceu em São Paulo em 1932 em família de classe média judia, polonesa. Seu pai teve pequeno comércio de roupa feminina até abrir uma confecção de trajes náuticos; a mãe era dona de casa e costurava muito, apenas para sua família. Aos 14 anos de idade, foi aprendiz de escultura com o escultor João Baptista Ferri. Fez o curso secundário no Mackenzie e passou em seguida um ano fora do Brasil, nos Estados Unidos e na Argentina. De volta a São Paulo, aos 18 anos, cursou antropologia na Escola Livre de Sociologia e Política. Estudou também história da arte com Sérgio Milliet na Biblioteca Municipal. Fez curso de gravura com Poty Lazzaroto na escola que funcionou durante algum tempo num casarão de Ciccilo Matarazzo, na Avenida Paulista e, mais tarde, na sede do MASP, na rua 7 de abril.

Pouco antes de começar o IAC, ela estagiou na loja de Joaquim Tenreiro em São Paulo, indicada por Oswaldo Bratke. No começo dos anos 1960, ao enviuvar, Estella Aronis decidiu não voltar para a casa do pai e procurou trabalho. Surpreendeu-se ao perceber que o curso do IAC havia lhe dado formação profissional para sustentar-se.

Estella conhecia bem o artista concretista Waldemar Cordeiro que, na época, planejava jardins em diversos edifícios de São Paulo. Conhecia também o trabalho de Burle Marx.

Mas seu primeiro projeto de jardins não teve muita relação com os dois artistas. Ela foi indicada para "preencher artisticamente" os espaços vazios das exposições comerciais montadas pela empresa Alcântara Machado, tais como Fenit (Feira Nacional da Indústria Têxtil), o Salão da Criança e o Salão do Automóvel. Aconselhou-se com a arquiteta paisagista Rosa Kliass, mas concebeu os espaços como módulos, *"pensando nas cores e texturas, como havia aprendido no IAC"* e invertendo os tablados, que passaram a funcionar como caixas-canteiros.

Em seguida dedicou-se a projetos de arquitetura promocional, também nas feiras da Alcântara Machado. Em meados dos anos 1960, casou-se com o ex-colega do IAC Alexandre Wollner, que já tinha escritório próprio de design gráfico,

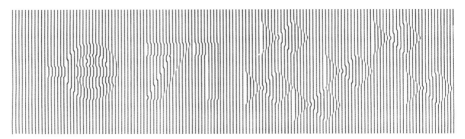

Cartão de Ano Novo desenhado por Estella Aronis para a empresa Equipesca, cliente do escritório de Alexandre Wollner. Arquivo Estella Aronis.

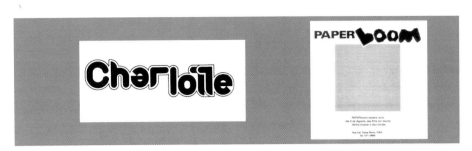

Os trabalhos de Estella Aronis nem sempre seguem a escola suíça e são exemplos da formação do IAC. À esquerda, marca do restaurante Charlotte e à direita, folheto da papelaria Paper Boom. Arquivo Estella Aronis.

tornando-se coautora de vários dos projetos do estúdio. No escritório de Wollner, ela participou de vários projetos de identidade corporativa, entre os quais os da Companhia Sertãozinho, o da Repasse Distribuidora de Títulos e Valores Mobiliários e o do Grupo Cobrasinco.

Em 1973, já desligada do escritório de Wollner, voltou a trabalhar para a Alcântara Machado. Em seguida, desenhou os uniformes dos funcionários das fazendas, de hospitais, de escolas agrícolas e de medicina da Faculdade de Ciências Médicas e Biológicas de Botucatu.

Nos anos 1970, Estella cursou simultaneamente arquitetura na Faculdade de Mogi das Cruzes e jornalismo na Escola de Comunicação da Universidade de São Paulo, formando-se em arquitetura em 1978.

Durante toda a década de 1980, realizou projetos de sinalização no Aeroporto de Congonhas. No mesmo período, foi convidada para trabalhar na sinalização dos terminais de carga do Aeroporto de Viracopos. Em 1986, começou o trabalho de sinalização completa do Aeroporto Internacional de São Paulo/Guarulhos (Cumbica), em que trabalhou com os arquitetos. No mesmo período em que desenvolveu os programas de sinalização dos aeroportos de São Paulo, Estella Aronis trabalhou na identidade corporativa de algumas empresas de estacionamento de São Paulo, como a Master e a Area Parking[2].

Irene Ivanovsky Ruchti

Irene Ivanovsky Ruchti nasceu em Imbituba, Santa Catarina, em 1931. Mudou-se com a família para Pelotas, no Rio Grande do Sul, onde viveu até os 18 anos de idade. Seu pai era russo, engenheiro e, desde cedo, Irene cuidava das cópias heliográficas e usava régua T. Sua mãe ela define como "uma artista da costura" e Irene, desde criança, compreendeu o vocabulário dessa atividade, como os modelos de

---

2 Um perfil de Estella Aronis está em LEON (2009).

saias godê, reta, as nervuras e os tipos de tecidos[3]. Em Pelotas estudou no Conservatório de Música e foi muito influenciada por seu avô, marceneiro. Em 1947, mudou-se para Porto Alegre para estudar no Instituto de Belas Artes, dedicando-se a esculturas. Permaneceu no Instituto até o final de 1950.

Seis meses antes da formatura, o jornalista Carlos Krebs, seu colega de classe, propôs que a turma convidasse Assis Chateaubriand para paraninfo. Formou-se, para tanto, uma comitiva composta de Irene, Ligia Fleck, Isolde Braus e Carlos Krebs. Os estudantes gaúchos ficaram encantados com a atmosfera do MASP, onde estudaram por 15 dias. Na formatura, em Porto Alegre, Irene foi incumbida do discurso e Chateaubriand destinou-lhe imediatamente uma bolsa de estudos.

No IAC, Irene conheceu Jacob Ruchti, seu professor, com quem se casou. Seu casamento, realizado em abril de 1952, foi fotografado por Roberto Sambonet. A partir de então, passou a frequentar todos os grandes eventos do MASP, como as festas organizadas para Giedeon, Walter Gropius e Mies van der Rohe, Kenzo Tanji e Philip Johnson.

Ao casar-se, Irene e Jacob mobiliaram seu apartamento, recorrendo a alguns expedientes para fugir dos tecidos de decoração da época. Ela conta que muitos dos tecidos feitos pelo Lanifício Fileppo para a Branco e Preto, mais tarde, nasceram de sua experiência e da de Ruchti na montagem de seu apartamento, inclusive uma padronagem de tecido de crianças, com letras de várias cores. Na Branco e Preto ela também foi responsável pela escolha de objetos decorativos como os cristais Prado e cerâmicas indígenas.

Mais tarde, Irene participou, com Jacob, de projetos de interiores e de paisagismo, como a sede do Banco Itaú, a Galeria Duraplac e o restaurante Piccolo Mondo.

O paisagismo foi uma área na qual acabou se desenvolvendo, tendo realizado uma série de projetos residenciais, para clientes como Julio Landmann, Paulo Montoro, Olavo Setúbal; o conjunto Itaú Conceição e o projeto do Shopping Galeria, em Campinas.

Exercício realizado por Irene Ivanovsky para curso de Composição, cujo professor era Jacob Ruchti, com quem a aluna se casaria. Arquivo da autora.

---

3 É interessante notar que as mães de Wollner, Estella Aronis e Irene Ruchti costuravam. Algumas discussões de gênero podem ser feitas a partir dessa constatação.

Cartaz desenhado por Alexandre Wollner em seu período de estudante do IAC.
Arquivo Alexandre Wollner.

Alexandre Wollner (São Paulo, 1928)

Alexandre Wollner é o designer brasileiro cujos pensamento e obra têm sido mais fartamente documentados[4] e não cabe aqui repetir o que está em bibliografia acessível e por demais conhecida nos meios de design.
Depois de estudar no IAC durante todo o período de existência da escola, rumou para Ulm onde estudou, regressando ao Brasil em 1958, quando se associou a Ruben Martins, Geraldo de Barros e Walter Macedo no forminform, escritório de design gráfico e de produtos a cuja equipe se integrou, mais tarde, Karl Heinz Bergmiller, também ex-aluno de Ulm.

Atuante até os dias de hoje como designer gráfico, Wollner lecionou na Esdi e tem grande contribuição não apenas no desenvolvimento do design gráfico enquanto campo de atuação profissional, mas também na defesa do racionalismo ulmiano entre nós.

Em seu livro, credita ao IAC e à experiência do MASP, inclusive ao contato com a obra de Max Bill, uma espécie de despertar para o novo mundo da "arte para milhões". É autor de grande quantidade de trabalhos na área gráfica, destacando-se os projetos de jornais; de identidade corporativa.

---

4   Toda a trajetória de Wollner e seus trabalhos estão em WOLLNER (2003). *Alexandre Wollner e a formação do design moderno no Brasil*, de André Stolarski (2005), é um trabalho que reúne livro e DVD sobre sua obra.

Emilie (Haidar) Chamie (Beirute, Líbano, 1926 – São Paulo, 2000)

Emilie Chamie pensou tornar-se arquiteta e frequentou grupos de pintura na segunda metade da década de 1940 em São Paulo. Em 1950 soube do curso do IAC, prestou exame e foi selecionada para a primeira turma da escola. Ela própria confessou que era uma das alunas preferidas de Pietro Bardi, que dedicou uma exposição de seu trabalho no MASP, em 1974.

Diferentemente de Estella Aronis, Ludovico Martino e Alexandre Wollner, Emilie não cursou qualquer outra escola depois do IAC e sempre creditou sua formação de designer à escola do MASP.

Desde formada manteve atividades ligadas a design gráfico, e realizou marcas como a do Teatro Brasileiro de Comédia, a dos 70 anos do Teatro Municipal, e do Centro Cultural São Paulo; a do Museu Casa do Bandeirante, além de várias marcas comerciais.

Fez também muitos cartazes para eventos artísticos e culturais de São Paulo; grande quantidade de livros (capa e miolo), entre os quais as publicações das edições Práxis, para as quais criou um sistema a partir do uso da tipografia, da marca e da cor como inserção pontual, informativa, uma de suas características claramente antiornamentais.

Em meados dos anos 1960, Emilie Chamie juntou-se aos designers do escritório forminform, de Ruben Martins. Em 1968, com a morte de Martins, formou com Carlos Alberto Montoro e José Roberto Noronha o estúdio Semáforo, de cur-

Marca do Centro Cultural São Paulo, de autoria de Emilie Chamie, 1982. Arquivo Emilie Chamie.
Realizado para concurso da 19º Bienal de São Paulo, em 1987, o cartaz com recorte (faca gráfica) quadrado faria que a peça gráfica absorvesse em sua imagem final o fundo sobre o qual fosse aplicado. Arquivo Emilie Chamie.

Marca de cabeleireiro em que Emilie Chamie utiliza fonte caligráfica e letra O gestual, referindo-se a fio de cabelo. Exemplo de marca que se distancia dos padrões construtivos, geralmente atribuídos aos designers com formação superior desse período. Arquivo Emilie Chamie.

ta duração. Trabalhou sozinha, em estúdio contíguo à casa até o começo dos anos 1990, quando se associou a Alexandre Martins Fontes. A sociedade durou dois anos e Emilie Chamie voltou para "casa", onde trabalhou até morrer, em 2000.

Assim como Irene Ivanovsky Ruchti, Emilie Chamie aprendeu no IAC a pesquisar referências históricas antes de decidir-se por um partido gráfico.

Também creditava ao IAC um método de trabalho em que a intuição e os sentidos tinham papel quase tão importante como sua formação intelectual.

Sua gráfica tem aspectos construtivos, mas há trabalhos gestuais, caso da marca do cabeleireiro Zamô, alusivo ao fio de cabelo.

Ludovico Martino (1933 - 2011)

Ludovico Martino nasceu em Tietê, São Paulo, filho de um relojoeiro e joalheiro italiano. Aos 10 anos mudou-se com a família para São Paulo. Em 1951 foi chamado para trabalhar com o primo, Plinio Croce, sócio de Roberto Aflalo no escritório de arquitetura de ambos, onde permaneceu por dez anos como desenhista técnico. Plinio Croce mandou-o estudar no IAC, mas ele fez pouco mais de um ano do curso.

Aprendendo desenho técnico no escritório de arquitetura e tendo tomado contato com a cultura do projeto no IAC, Ludovico Martino decidiu cursar arquitetura

Marca da Faculdade de Arquitetura e Urbanismo da Universidade de São Paulo de autoria de Ludovico Martino.

na Faculdade de Arquitetura e Urbanismo da Universidade de São Paulo em 1955. Levou oito anos para formar-se.

Depois de formado, Ludovico Martino trabalhou com seu ex-professor Jacob Ruchti. Trabalhou também com Gregori Warchawchik como desenhista em projeto do Conjunto Nacional (que acabou ganho por David Libeskind) e com Carlos Milan no concurso de uma sede do Jóquei no Largo São Francisco, em São Paulo, que não chegou a ser edificado.

Suas primeiras marcas foram desenvolvidas para clientes de Plinio Croce, no escritório dele; também no IAC, no exercício feito pela primeira turma para a marca da casemira Kedley do Lanifício Fileppo. Colaborou no forminform, realizando estande para a empresa Willys na feira do automóvel.

Em 1964, Martino uniu-se a João Carlos Cauduro, abrindo a Cauduro & Martino, escritório de arquitetura, design de produtos industriais e identidade corporativa, numa ideia de *design total*, que remonta à tradição de Peter Behrens.

O trabalho de Ludovico se confunde com o do escritório, de farta produção de programas de identidade corporativa. No entanto, antes da abertura da Cauduro & Martino, ele desenvolveu algumas marcas tais como a da Sulco Tintas e Vernizes e Thomas Marinho de Andrade (1956), a da FAU/USP (1958), Bernitul Beneficiamento de Minérios e da Faculdade de Ciências Médicas Santa Casa da Misericórdia de São Paulo (1962) e a da Livraria Duas Cidades (1963).

O designer atribui grande importância ao IAC em sua formação, a ponto de dizer que muito do que aprendeu lá não foi ensinado no curso da FAU, principalmente na área da chamada comunicação visual – marca, programas de identidade. É bom lembrar que Martino se formou na FAU no mesmo ano em que a escola introduziu a sequência de desenho industrial.

Aparício Basílio da Silva (1935 – 1992)[5]

Aparício Basílio da Silva nasceu em Itajaí, Santa Catarina, e pertenceu à segunda turma do IAC, tendo cursado a escola em 1952. Em 1953, projetou uma cadeira de madeira e lona listrada, produzida pela Trama Tecidos e Artigos para Decoração. Escultor, abriu em 1956 a loja Rastro na rua Augusta 2223 – na época sede do comércio chique de São Paulo – de moda e decoração. Seu irmão, o químico João Carlos, pesquisou uma fragrância original que seria um item a mais à venda em sua

---

5　As informações abaixo foram obtidas pelos depoimentos dados à autora por Alexandre Wollner e Luiz Hossaka. Também foram consultados os seguintes livros e catálogo: ASHCAR (2001, p. 126); CAVALCANTI, CHAGAS (2006, p. 57); FERRAZ (1993, p. 219); *O Design no Brasil História e Realidade* (1982).

loja. Embalada em tubo de ensaio com tampa de vidro, a água-de-colônia Rastro era vendida em pequenas quantidades, mas logo se tornou o carro-chefe da loja.

Aparício instalou uma perfumaria, em São Paulo para atender os pedidos que chegavam de fora da divisa de São Paulo. Logo a seguir, a Rastro se tornou marca de produtos – surgiu também o desodorante e o sabonete, e sua importância ultrapassou, de longe, a loja da rua Augusta, tornando-se um negócio independente.

A essência da água-de-colônia Rastro era claramente reconhecível pelo design de sua embalagem, frascos padrão de farmácia. As primeiras tampas foram de vidro esmerilhado, substituídas por peças metálicas prateadas. O produto manteve a unidade a partir da assinatura Rastro, desenhada em letras cursivas pretas sobre etiqueta prata e destacando o endereço da loja da rua Augusta. A criação de novos produtos não aboliu a unidade da linha, dada pela forma básica do frasco e pela etiqueta identificadora com a marca Rastro.

Não se pode afirmar que a noção da embalagem e da marca da água-de-colônia Rastro foi resultado do que Aparício Basílio teria aprendido no IAC, já que as informações aqui contidas vêm de fontes secundárias e nenhuma delas menciona a escola. Mas observa-se que no desenho gráfico propriamente dito Aparício Basílio fugiu dos padrões construtivos comuns a seus colegas, optando por fonte não canônica – cursiva – na assinatura Rastro.

Vale observar que ele tratou a água-de-colônia e, em seguida, a linha de produtos Rastro como sistema de embalagens, com a devida importância dada à marca. Também sua opção por frascos de linha e tampa metálica o situam longe dos excessos ornamentais de muitos dos produtos da perfumaria chique francesa e também da perfumaria popular brasileira, o que não deixa de ser uma opção pelo objeto standard, industrial. A água-de-colônia Rastro apostou na translucidez do vidro para deixar aparecer a cor especial de verde do perfume.

As embalagens de Aparício Basílio da Silva para a colônia Rastro empregam frascos padronizados de vidro e marca construída com letra cursiva, exemplo de trabalho gráfico que não seguia padrões construtivos. Arquivo Emilie Chamie.

Aparício sempre manteve bom relacionamento com sua ex-professora Lina Bo Bardi, tanto é que lhe pediu dois projetos: um de reforma do Museu de Arte Moderna, de que foi diretor entre 1983 e 1992; e outro da nova fábrica Rastro.

Attilio Baschera (São Paulo, 1933)

Neto de italianos, pai gerente do Mappin Stores e mãe manequim na mesma loja, Attilio Baschera queria estudar arte, desenho e aprender piano. Aos 17 anos, cursando o equivalente ao colegial no colégio Mackenzie, aceitou a sugestão do tio Silvio Cicarelli Carlini para ingressar no IAC. Carlini era diretor do Mappin e amigo pessoal de Bardi. Segundo ele, o MASP abriu seus horizontes, já que trazia rapidamente as informações do exterior, que geralmente demoravam muito a chegar ao Brasil.

Depois de um ano no IAC, Baschera seguiu para Roma, onde estudou na Academia de Belas Artes por quatro anos. De volta ao Brasil, no começo dos anos 1960, trabalhou na agência de publicidade chamada Petinatti, por indicação do tio. Lá foi subordinado ao diretor de arte belga Jacques Lebois. Em seguida, trabalhou na agência de publicidade McCann Ericsson como assistente de arte até ser convidado para assumir a direção de arte da Editora Abril, onde permaneceu por oito anos. Em seguida, morou um ano em Paris e estagiou com o diretor de arte da revista *Elle*, Peter Knab.

De volta ao Brasil, Baschera retornou à editora Abril e foi diretor de arte da empresa por mais quatro anos. Em 1969, ganhou um concurso de estamparia promovido pela Fenit, com um desenho muito próximo do que fazia a empresa finlandesa Marimekko. Nesse concurso conheceu o químico Gregório Kramer, que ficou em terceiro lugar. A partir daí, iniciou-se uma sociedade que desembocou na loja de tecidos de decoração Larmod.

Mais tarde, Attilio Baschera continuou sócio de Gregório Kramer na loja de decoração Again, que comercializa tecidos, louças em porcelana e cerâmica, e muitos outros itens de casa e objetos de uso pessoal.

Antonio Maluf (1926 – 2003)[6]

Antonio Maluf pertenceu à primeira turma do IAC. Artista concretista, ganhou o concurso para o cartaz da I Bienal de Artes de São Paulo, em 1951. Sócio-fundador

---

6   As informações sobre Antonio Maluf foram extraídas de BARROS, LINHARES (2002). E de depoimento concedido à autora por Alexandre Wollner em 23 de junho de 2004.

da Associação Brasileira de Desenho Industrial. Foi responsável pela criação de murais cerâmicos na cidade de São Paulo, como os da Vila Normanda, a pedido do arquiteto Lauro Costa Lima, em 1968, para quem também criou o mural do edifício Cambuí, no bairro de Higienópolis, São Paulo; e o do Sindicato dos Motoristas, esse último projeto de Villanova Artigas.

Também em Campinas trabalhou na criação de painel arquitetônico para o saguão do Tênis Clube de Campinas, em 1971, em conjunto com arquiteto Fabio Penteado com estrutura aritmética islâmica. Maluf criou estampas de tecidos comercializadas pela Tricot-lã e utilizadas pela Rhodia. As estudiosas Regina Teixeira de Barros e Tisa Helena P Linhares (2002, p. 11) narram a passagem de Maluf pelo IAC:

> *No início de 1951 o mesmo Museu de Arte de São Paulo inaugurou o Instituto de Arte Contemporânea, oferecendo o primeiro curso de desenho industrial da América Latina, pautado no ensinamentos da New Bauhaus de Chicago. Maluf candidatou-se a uma das trinta vagas. Aceito, frequentou as aulas por alguns meses e, embora curta, a experiência no IAC foi decisiva para sua obra, recebendo orientação dos professores Pietro Maria Bardi e Flávio Motta, que lecionavam História da Arte; Jacob Ruchti e Salvador Candia, que ensinavam Elementos de Linguagem e Composição; Lina Bo Bardi, encarregada de Elementos de Arquitetura; Roberto Sambonet, responsável pelo curso de Desenho a Mão Livre; e o húngaro Zoltan Hegedeu, que lecionava materiais, cuja influência foi determinante para Maluf. Em suas aulas, Hegedeu chamava a atenção para as propriedades físicas dos materiais vegetais e minerais, demonstrando a maneira pela qual estes revelavam as próprias qualidades.*

Barros e Linhares também descrevem seu trabalho como designer gráfico e de estampas têxteis.

> *No início dos anos 50, desenvolveu estampas que se adequavam ao processo industrial de produção. Entretanto, no final da década, além da produção voltada para a indústria – e portanto para um amplo mercado de consumo*

Detalhe de painel projetado para o edifício Vila Normanda, em São Paulo, 1962.

– Maluf passou a imprimir estampas manualmente, sobre tecidos nobres como o veludo e a seda, transformando-os em artigo altamente diferenciado dentro do mercado têxtil.

Além do trabalho realizado para esse setor específico, Maluf foi responsável pela criação de inúmeros cartazes, logomarcas, murais decorativos, projetos de outdoors, anúncios classificados e encadernações pessoais. O peso de sua contribuição, como designer, para a história da comunicação visual da cidade de São Paulo é devidamente reconhecido e enfatizado pela historiografia. No entanto, é preciso sublinhar um aspecto fundamental dessa produção: os trabalhos dirigidos para outros fins que não a arte propriamente dita tiveram como ponto de partida as pesquisas de linguagem concreta desenvolvidas na década de 50.

Maurício Nogueira Lima (1930 - 1999)[7]

Maurício Nogueira Lima estudou artes plásticas no Instituto de Belas Artes da Universidade do Rio Grande do Sul, de 1947 a 1950. Ingressou na primeira turma do IAC, em 1951, e também cursou propaganda na escola do MASP. A partir de 1953, fez parte do Grupo Ruptura, a convite de Waldemar Cordeiro. Cursou Arquitetura e Urbanismo no Mackenzie, de 1953 a 1957. Realizou logotipos e projetos para espaços comerciais das feiras da empresa Alcântara Machado em São Paulo, tais como a Fenit (Feira Nacional da Indústria Têxtil), em 1958; no Salão do Automóvel, em 1960, foi responsável pelos estandes da Willys Overland e da Ford. Lecionou na FAU-USP, na FAAP, no Mackenzie e nas Faculdades de Arquitetura e Urbanismo de Santos e de Mogi das Cruzes.

Marca da Feira da Indústria Têxtil, de Maurício Nogueira Lima, em que lançadeiras se justapõem repetidamente, criando um padrão geométrico.

---

7 As informações que seguem foram extraídas de LIMA (1995). E também de depoimento à autora de Alexandre Wollner e Irene Ruchti, já mencionados.

Mario Trejo (Buenos Aires, Argentina, 1926)[8]

Aluno da primeira turma do IAC (consta que namorou Emilie Haidar, depois Chamie), Mario Trejo é argentino e poeta. Segundo Alexandre Wollner, era alguém que, no período, tinha muito mais informações que os demais, já tendo lido Alfred North Whitehead e Charles Pierce.

Em 1953, já estava de volta à Argentina, onde editou revista de cinema e teatro contemporâneos. Editou vários livros de poesia, entre os quais *El uso de la palabra* (1979), que reúne três livros: *Crítica de la razón poética, El amor cuerpo a cuerpo y Lingua Franca*, os quais incluem também os poemas que lhe valeram o Prêmio Casa de las Américas (Havana, 1964). Escreveu canções com Astor Piazzola e Waldo de los Rios, escreveu para teatro e roteiros de cinema. Desde agosto de 2000 mora em San Sebastián, Espanha.

Luiz Hossaka (Birigui, São Paulo, 1928 – 2009)

Luiz Hossaka não se tornou designer. Depois de ingressar como estudante no IAC, onde queria aprender a desenhar automóveis, Hossaka cursou propaganda no Masp e tornou-se assistente de direção, por indicação de Flávio Motta, e permaneceu como funcionário executivo do Masp até sua morte.

Virginia Bergamasco

As referências de Virgínia Bergamasco são raras e imprecisas. Luiz Hossaka e Alexandre Wollner afirmam que ela trabalhou na empresa Luz Moderna que, mais tarde, seria denominada de Dominici.

Trabalho de Virgínia Bergamasco realizado para a disciplina de Composição de Jacob Ruchti.

---

8 As informações que seguem foram extraídas do site :<http://www.epdlp.com/escritor.php?id=2463>, acesso em 25 jan. 2006, e de depoimento prestado por Alexandre Wollner.

Lauro Prêssa Hardt

Segundo Ari Antonio da Rocha, Hardt trabalhou no USIS, Consulado Americano, e lá realizou todo o sistema de informação e de exposições. Foi ele que organizou a apostila do Curso de Composição de Jacob Ruchti.

Yone Maria de Oliveira

Assumiu secretaria administrativa do Museu e seguiu carreira de secretária.

Flavio Phebo (1929 – 1990?)

Aluno da segunda turma do IAC. Foi pintor, cenógrafo e figurinista de teatro.

06

REVISÃO BIBLIOGRÁFICA DO IAC

Em seu romance *Veinte anos y un dia*, o escritor Jorge Semprún (2003) repete que é muito difícil saber quando começa com exatidão uma história. Demarcar um início e periodizar são tarefas do historiador afeito às grandes narrativas. Obsessão distinta é aquela que busca a primazia de um feito.

De algum tempo para cá, graças a uma série de estudos publicados sobre design brasileiro, o IAC ganhou esse título honorífico de "primeira escola". O pesquisador Guilherme Cunha Lima (2001) citou em artigo a escola de artes gráficas fundada por Tomás Santa Rosa, baseada na Bauhaus, e que funcionou na Fundação Getúlio Vargas nos anos 1940. Talvez em breve vejamos mais um debate proclamando a anterioridade dessa escola como marco do ensino de design no Brasil.

Antes desses estudos, subsistia a ideia de que a Esdi fora a primeira escola de design não só do país, como da América Latina. Essa ideia é um lugar-comum que se implantou e que parece ter sua origem na Esdi, que sempre se autoproclamou como a primeira escola de design de nível superior da América Latina, dado até hoje inquestionado no Brasil.

Ao participar, em 1991, de um Congresso da Associação Latino-americana de Desenho Industrial, a Aladi, na Cidade do México, soube que, em 1957, fora instituído um programa de desenho industrial na Universidade Iberoamericana do México. Surpreendi-me com a notícia, pois sempre ouvira de egressos da Esdi que a escola era a pioneira na América Latina.

Comentei o fato com Freddy van Camp, ex-aluno, professor e por duas vezes diretor da Esdi e ele me respondeu: *"Não, certamente a Esdi é a primeira, pelo menos no ensino superior"*. No entanto, a Universidad Iberoamericana lançou um programa de desenho industrial em 1957 dentro da Escola de Artes Plásticas e Desenho. Em 1959 a escola se transformou em Escuela de Diseño Industrial e em 1963 o conselho universitário aprovou projeto elevando a carreira para o plano da licenciatura.

Em trabalho recente, a designer e pesquisadora argentina Silvia Fernández (2006, p. 9) resenha a criação de cursos de design em nível superior na Argentina: em 1958 na Universidade de Cuyo; em 1960, o Instituto de Design Industrial na Universidade de Litoral; e, em 1961, o Departamento de Design da Universidade Nacional de La Plata.

Assim, a Esdi, Escola Superior de Desenho Industrial do Rio de Janeiro, não é a pioneira, mas uma das pioneiras do ensino de design na América Latina. Esse é um dos mitos da Esdi. Não vejo a menor importância nessa disputa. No entanto, geralmente esse tipo de querela funda ou tenta fundar algum mito encomiástico.

Também a sequência de desenho industrial na FAU-USP é anterior à existência da Esdi em um ano (1962). No entanto, a FAU-USP não estabeleceu uma área própria para o design e manteve a formação daqueles que se profissionalizaram em design gráfico e nos mais diversos territórios do design de produtos como a formação em arquitetura. Só depois de passados 40 anos, a Universidade de São Paulo abriu uma escola de design.

Nesse sentido, a Esdi teve a primazia de institucionalizar o ensino superior de design no Brasil, separado das belas artes e da arquitetura. A ideia de que a própria atividade do design tivesse emergido no Brasil a partir da abertura da escola carioca ou em momentos muito próximos a ela, ou ainda, por iniciativa de personagens que nela se engajaram tomou conta, durante um bom período, do imaginário ligado ao surgimento do design no Brasil, especialmente na fala de ex-esdianos.

Tanto é assim que o historiador do design Rafael Cardoso abre um livro publicado em 2005, que reúne artigos de diversos autores sobre design gráfico brasileiro anteriores a 1950, com as seguintes palavras:

> *Perdura na consciência nacional o mito de que o design brasileiro teve sua gênese por volta de 1960. Como todo mito, trata-se de uma falsidade histórica patente. Como todo bom mito de origens, trata-se também de uma verdade profunda, para além dos limites de nossas vãs metodologias. O que ocorreu, sem dúvida alguma, foi uma ruptura. Para uns, um novo ponto de partida; para outros, um desvio de rumo. Depende do grau de compromisso de cada um com o grande movimento que hoje conhecemos como "modernismo", o qual dominou boa parte da produção artística internacional entre as décadas de 1910 e 1960, aproximadamente. Os anos de experimentação entre a abertura do Instituto de Arte Contemporânea do MASP, em 1951, e a inauguração da Escola Superior de Desenho Industrial (Esdi), em 1963, marcam uma mudança fundamental de paradigma. Surgiu nessa época, não o design propriamente dito – ou seja, as atividades projetuais relacionadas à produção e ao consumo em escala industrial –, mas antes a consciência do design como conceito, profissão e ideologia* (CARDOSO, 2005, p. 7).

Não sei exatamente em que se apoia Cardoso para dizer que *"perdura na consciência nacional o mito de que o design brasileiro teve sua gênese por volta de 1960"*, já que não são poucos os trabalhos publicados sobre design brasileiro anterior a esse período[1], mesmo porque a "consciência nacional", seja lá o que isso signifique, não parece ter muito interesse no mundo do design e na sua historiografia. Suponho que o autor, apesar de criticá-las, continue preso às referências "endógenas" (e cariocas) apontadas por Lucy Niemeyer em seu trabalho sobre a Esdi. Segundo a autora, a Esdi, ao se estabelecer como herdeira direta de Ulm, do saber racionalista ocidental no campo do design, teria perpetrado sua continuidade de forma endógena, tornando professores quase exclusivamente seus ex-alunos recém-formados. Teria também alardeado um discurso fundador que apenas reconhece como legítimo no campo do design as produções de genealogia próxima ou semelhante (NIEMEYER, 1997).

De qualquer forma, Cardoso situa o surgimento do IAC como marco de "experimentação". Não fica claro a que o autor se refere com esse termo. Todo o design gráfico e de mobiliário produzido na década de 1950 seria caracterizado como experimentação? Experimentação do quê? É possível falar em experimentação de empreendimentos manufatureiros e comerciais como os dos irmãos Hauner, de Sérgio Rodrigues, de Joaquim Tenreiro, dos Móveis Branco e Preto? De empreendimento industrial como a Móveis Z? Da comunidade laboral que foi a Unilabor? Do escritório forminform? Das atividades de José Carlos Bornancini e de Nelson Petzold junto a indústrias como a Wallig? Da Mobília Contemporânea, de Michel Arnoult, Norman Westwater e Abel de Barros? Do l'Atelier, de Jorge Zalszupin?

Chamo atenção aqui para o fato de que a ideia de que o design no Brasil teria sido implantado a partir da Esdi parece ter-se estabelecido de forma vigorosa, a ponto de merecer desmentidos até os dias de hoje. Temo também que enquanto se desmonta a mitologia que cerca a Esdi seja erigida uma análoga, relativa ao IAC.

O IAC EM LUCY NIEMEYER

Lucy Niemeyer (1997, p. 64) diz que o IAC *"foi a semente do ensino de design, de nível superior, no Brasil"*, mas não aprofunda essa afirmação. Ela apoia seu relato em entrevista de Pietro Maria Bardi feita por mim, publicada no número 18 da revista *Design & Interiores*. Seu breve relato traz alguns equívocos, entre os quais situar Max Bill, Roberto Sambonet, Roger Bastide e Lasar Segall como professores regulares da escola. Sambonet de fato era professor de desenho no IAC e seus cursos eram frequentados pelos alunos do curso de design e por outros alunos, nos

---

1   Podem ser citados inúmeros trabalhos, entre eles: SANTOS (1993); CLARO (2004); SANTI (2000); PENEDO (2001); ACABAYA (1994); KATINSKY (1983).

cursos livres. Já Bastide ministrou os seminários no IAC. Segall e Bill deram apenas conferências aos alunos.

Outro lapso do texto é situar no mesmo parágrafo em que fala do IAC a exposição *Mãos do Povo Brasileiro*, realizada pelo MASP em 1968, como indício da valorização do artesanato nacional. Em 1968 o IAC já deixara de existir havia 15 anos e, até onde avancei minha pesquisa, não encontrei nenhuma referência à "valorização do artesanato nacional" pela escola. Ainda é importante considerar que Lina Bo Bardi, no texto de apresentação da referida exposição, diz que no Brasil não houve artesanato, apenas um pré-artesanato, e que sua pesquisa tem clara orientação política contra o design enquanto instrumento mercadológico[2]. Lina Bo Bardi vai, de fato, pensar uma escola de desenho industrial e artesanato, só que bem mais tarde, na Bahia.

Parece que a questão do design brasileiro "de raiz" é um certo fantasma em nossos autores. Alexandre Wollner, ex-aluno da escola, escreveu no trabalho *Pioneiros da Comunicação Visual*:

> *O IAC organizou um curso de nível superior destinado a preparar profissionais capazes de formar uma linguagem original, com elementos visuais próprios, não nacionalistas, mas oriundos da nossa cultura, com signos próprios mas de leitura universal. Assim como foram criadas a linguagem visual suíça, a polonesa, a alemã, a japonesa, a americana, a italiana, a francesa e a mexicana, seria criada uma linguagem visual brasileira, de modo que, como nos outros países, cada produto ou manifestação visual pudesse ser reconhecido pelo simples comportamento visual que carregava[3] (apud* WOLLNER, Alexandre. *Pioneiros da Comunicação visual. In* ZANINI, 1983, p. 958*).*

Não se fica sabendo o que Wollner quer dizer com elementos visuais próprios, já que os exemplos que ele próprio dá, dos cartazes construtivos dos anos 1950, partem de formas gráficas universais.

---

2 As reflexões da arquiteta sobre essa exposição foram publicadas em BARDI (1994). Nele estão várias de suas convicções sobre o artesanato, entre elas a que segue: *"Porque o artesanato como corpo social nunca existiu no Brasil, o que existiu foi uma imigração rala de artesãos ibéricos ou italianos e, no século XIX, manufaturas. O que existe é um pré-artesanato doméstico esparso,* **artesanato nunca.***"* (p. 12).

3 WOLLNER, Alexandre. Pioneiros da Comunicação visual. In ZANINI, (1983, p. 958).

O IAC EM MARLENE ACAYABA

Marlene Acayaba (1994) retoma a questão da linguagem brasileira em seu texto. Foi ela quem dedicou mais espaço ao IAC, em seu livro *Branco e Preto*, ao resenhar o programa do curso de composição ministrado por Jacob Ruchti, professor do IAC e um de seus maiores entusiastas, segundo conta o professor Flávio Motta, ex--assessor de Pietro Maria Bardi.

Acayaba problematizou a instalação do IAC e sua inserção no mundo empresarial paulista. Segundo ela,

> *A escola não aflorou de uma demanda econômica e social do país como os modelos que copiou, a Bauhaus e o Institute of Design de Chicago. Surgiu do desejo de um grupo de artistas em acompanhar as grandes metamorfoses que ocorriam no exterior e do ideal recorrente no pós-guerra da reorganização de uma nova sociedade, a partir de uma nova ética e por conseguinte de uma nova estética* (ACAYABA, 1994, p. 39).

Acayaba adota o ponto de vista de Penny Sparke ao dizer que o design, nos anos 1950, tornou-se uma das maiores estratégias nos programas de reconstrução industrial. No Brasil, segundo ela,

> *aconteceu o inverso: nessa mesma época houve um grande descaso pelo design nacional. O objetivo do IAC de formar profissionais capazes de criar uma linguagem brasileira para imprimir em produtos era inviável porque o mercado não os absorvia. Aos poucos, as patentes dos produtos internacionais eram adquiridas e desejadas por uma sociedade extremamente sequiosa do que se produzia fora (idem 79).*

Cabem aqui algumas perguntas. A primeira delas é com relação a "*nessa mesma época houve um grande descaso*". Estaria implícito nessa afirmação que em outras épocas o design fez efetivamente parte das estratégias industriais? Que épocas seriam essas? As anteriores ao IAC? As posteriores? Ou seja, o primeiro quinquênio da década de 50 evidencia uma particular relação entre meios empresariais e design?

Também cabe perguntar em que medida a Bauhaus foi criada a partir de uma "*demanda econômica e social*" e não de uma união de um grupo de artistas com um programa claro. As relações tumultuadas entre a direção da Bauhaus e o governo de Weimar; as dificuldades de conseguir colaboração com as empresas locais já foram muito discutidas[4]. É em Dessau, mais precisamente no período em que Hannes Meyer dirigiu a escola, que se realizaram os melhores convênios com as indústrias.

A necessidade da melhoria dos padrões artísticos da produção industrial era uma questão na Alemanha desde os primeiros anos do século XX, como demonstram os debates da Deutscher Werkbund. O papel de uma escola para nutrir essa indústria fazia parte dos objetivos de Van de Velde ao formar a escola de artesanato em Weimar, que Gropius retomou no pós-Guerra. Ou seja, não foi a Bauhaus fundada a pedido de um grupo de industriais, mas foi formulada por Gropius e sancionada pelos dirigentes políticos de Weimar[5]. O programa foi, de fato, uma iniciativa de artistas que inferiam a necessidade de unir arte e indústria. A formação da Bauhaus, nesse sentido, é muito próxima da formação do IAC.

Também é questionável o programa do IAC como formador de profissionais capazes de criar uma *"linguagem brasileira"*. Se é possível detectar nos textos assinados por Pietro Maria Bardi um repúdio à cópia, especialmente à cópia de modelos desatualizados, de móveis de "estilo", obra dos estofadores, segundo Bardi, não há qualquer indício da necessidade de criação de uma linguagem 'brasileira', a não ser na padronagem de tecidos para moda, conforme exemplos já mostrados e no discurso de Luisa Sambonet.

O ideário moderno abraçado por Bardi pressupunha a universalidade das formas da alta cultura. É a partir dessa noção universalizante que Bardi nomeia o MASP não como Museu de Arte Moderna, mas como Museu de Arte. "Quero fazer um museu de arte antiga e moderna" dizia a Bardi, Chateaubriand. Ao que o jornalista, que nos anos 20 fora redator do periódico Corriere della Sera, retrucou: *"Arte não é antiga nem moderna. A arte está em tudo, nas ruas. Faça um museu de arte, o MASP"* (LEON, 2009). Essa universalidade pretendida pelo pensamento moderno, que busca em diferentes períodos históricos certos paradigmas, é buscada pelos artistas modernos e não distinguia obras únicas de arquitetura ou de arte e artefatos industriais.

---

4   Ver a esse propósito pela riqueza documental o texto de DROOSTE (2002). Para uma apreciação crítica dos períodos Weimar e Dessau, vale a pena consultar HOCHMAN (2002); e também PEREIRA DE SOUZA (1998).

5   A questão da adequação da Bauhaus ao ideário social-democrata alemão tem trazido muitos debates. Também há quem diga – é o caso do brasileiro Pedro Luiz Pereira de Souza – que a Bauhaus foi fechada porque a posição política de alguns de seus professores e dirigentes era de oposição ao fascismo. No entanto, os ensinamentos de racionalização industrial ensaiados na escola a partir de Dessau poderiam ser (e teriam sido) tranquilamente incorporados pelos nazistas. Ver PEREIRA DE SOUZA.
São muito conhecidos os recipientes de vidro do ex-aluno W. Wagenfeld produzidos durante o período nazista. Também o projeto do Volkswagen, de F. Porsche, tinha muitos dos elementos formulados pela Bauhaus.

Assim como a ideia de universalidade é capaz de justapor referências em diferentes períodos históricos, também a singularidade geográfica é, muitas vezes, negada. A crítica dos designers modernos aos excessos de estofados recobertos de veludos busca a ascese do mínimo de matéria-prima, o rompimento com referências simbolizantes e ornamentais. Os móveis tubulares e os móveis de compensado do período heroico do movimento moderno[6] foram pensados como peças universais, para qualquer clima, para todos os usos, sem distinções inclusive entre espaços comerciais e residenciais.

Acayaba diz que o objetivo do IAC de formar profissionais capazes de criar uma linguagem brasileira não era viável porque o mercado não os absorvia. O mercado de trabalho do designer industrial era a indústria. Por que a indústria brasileira da época não absorveu os profissionais do IAC?

De todo modo, não parece ser a "linguagem brasileira" o impedimento para essa absorção dos designers. Se, justamente, a acusação que pesava sobre os industriais era a de cópia, e se a cópia era feita de objetos externos, parece haver no texto de Acayaba uma confusão entre identidade brasileira e autonomia projetual, como bem explica André Villas-Boas (2002, p. 66-67, 70).

No caso do design gráfico, objeto do trabalho de muitos dos formandos do IAC, a linguagem foi acintosamente geométrica, racionalista, baseada nas concepções do "homem universal". Ela foi aceita não só para os cartazes das exposições do MASP (Alexandre Wollner, cartaz da exposição de Saul Steinberg), da Bienal de Artes (Antonio Maluf, Alexandre Wollner), mas também do próprio IV Centenário da cidade de São Paulo (Geraldo de Barros). Nesse cartaz, aliás, está uma homenagem de Barros a Piero della Francesca, artista que muito admirava.

A formação do IAC, ao privilegiar a herança racionalista, formou quadros no design gráfico que, mais do que simplesmente aceitos, foram engajados na representação do poder político da cidade. Não há nenhum indício de que aqueles projetistas adotassem para a concepção de produtos padrões formais de outras naturezas, supostamente "brasileiras", por exemplo.

Ao atribuir a adoção de uma linguagem "brasileira" aos quadros do IAC e a sua não aceitação pelos empresários, Acayaba despreza uma questão que me parece fundamental para a compreensão das atividades de design no Brasil: o descompasso entre design gráfico e design de produtos, que merece investigação específica. Se é o design gráfico que fundamentalmente realiza a operação comunicacional

---

6 Refiro-me aqui não apenas à produção em compensado de madeira de Alvar Aalto, Bruno Matthson e outros representantes do design da Europa do Norte, mas também à própria produção de Marcel Breuer na Isokon. A opção pelo compensado de madeira que muitos atribuem exclusivamente aos modernos da Europa do Norte foi experimentada por Breuer logo depois de Aalto na Inglaterra.

do produto, dada a necessidade da embalagem e de outros suportes, é ele que será portadora de uma modernidade "de fachada". Como explica Hal Foster:

Conforme cresceu a competição, seduções especiais tinham de ser criadas, e a embalagem se tornou quase tão importante quanto o produto (A subjetivização da commodity já é aparente no design do streamline e torna-se ainda mais surreal depois disso; de fato, o surrealismo é rapidamente apropriado pela publicidade.) (FOSTER, 2002, p. 19, trad. minha).

É interessante relembrarmos aqui as relações já citadas da Container Corporation of America, de W. Paepcke, com os artistas modernos. O design gráfico de expoentes como Herbert Bayer e Fernand Léger era muito bem aceito pelo empresário das embalagens. Já os métodos de ensino da escola de Moholy-Nagy, que diziam respeito à formação dos estudantes e à formulação de novos produtos, não interessavam ao industrial.

Outra questão no livro *Branco & Preto* é que Acayaba assume como suas as afirmações dos documentos de Bardi e de Ruchti ao dizer que "*o Instituto de Arte Contemporânea procurava adaptar às condições locais o célebre curso do 'Institute of Design de Chicago', fundado em 1937 por Walter Gropius e Moholy-Nagy como uma continuação da Bauhaus. Assim, o IAC representou em São Paulo as principais ideias da Bauhaus, depois de seu contato com a organização industrial norte-americana*" (ACAYABA, 1994, p. 36)[7].

Ou ainda

O objetivo do IAC não era formar especialistas mas equipar os alunos com uma atitude e orientação para capacitá-los a analisar e resolver qualquer problema técnico ou artístico na área do Desenho Industrial (Idem, p. 37).

JOSÉ CARLOS DURAND

José Carlos Durand analisa o Instituto de Arte Contemporânea à luz não apenas da formação do MASP, mas do império de telecomunicações construído por Assis Chateaubriand. A visão universalizante da arte proposta no MASP se aproxima de uma visão suprarregionalista dos Diários Associados, conforme análise de José Carlos Durand:

---

7   O texto de Ruchti é o seguinte: "*O I.A.C. representa portanto em São Paulo – de uma maneira indireta – as principais ideias da Bauhaus, depois de seu contato com a organização industrial norte-americana*". RUCHTI (1951, p. 62).

a estratégia centralizadora de Assis Chateaubriand supunha uma prática jornalística que, do ponto de vista da cultura a promover e noticiar, consistia em tentar ultrapassar os horizontes culturais de cada setor local da classe dirigente, ou ainda em modificar o gosto estabelecido... (DURAND, 1989, p. 124).

Essa visão suprarregional, presente na conformação nacional da rede dos Diários Associados, se espelha também na mentalidade do IAC. O trecho publicado no Diário de S. Paulo exemplifica essa postura "nacional":

Início das aulas em março
Jovens de todos os estados já manifestaram desejo de cursar as aulas do Instituto, as quais serão inauguradas no próximo mês de março. Um grupo de industriais esclarecidos[8] propôs aos jovens do Rio Grande do Sul bolsas de estudo para a frequência dos cursos do Instituto. Essas bolsas consistem no custeio da viagem e estadia em São Paulo durante seis meses. Por sua vez, o Museu de arte proporcionará a esses alunos ensino gratuito.

O Museu cogita atualmente a vinda de jovens de outros Estados como Minas, Ceará, Bahia, Pernambuco e Rio, esperando-se para dentro em pouco a reunião de jovens de todos os Estados do Brasil, em São Paulo, num movimento de grande significação para o progresso artístico de todo o país (*Diário de S. Paulo*, 28 fev. 1951).

Ao analisar as escolas do MASP, Durand aventa também a hipótese de que os cursos de propaganda e design prepararia profissionais para o complexo empreendimento de indústria cultural de Chateaubriand, embora não se saiba de nenhum formando do IAC que tenha trabalhado para os Diários Associados. Conforme depoimento de Alexandre Wollner, o professor André Osser, sim, foi um gráfico dos Associados que deu aulas no IAC.

DIJON DE MORAES E O SAMBONET BRASILEIRO

Em trabalho apresentado em conferência na Universidade de Aveiro, em 2001, o pesquisador Dijon de Moraes discute a relação local-global e abre sua comunicação dizendo que o design na América do Sul começou entre o fim dos anos 1950

---

8 Note-se o adjetivo "esclarecidos" aposto a industriais, que beira uma conclamação a que as elites de outros estados copiem o exemplo gaúcho.

e o início de 1960 e que, no Brasil, o começo de uma cultura do design foi mais estruturada após a fundação da Esdi. Na sequência, Moraes conta que o primeiro passo para o ensino do design foi o do MASP, que teria introduzido um curso de design experimental nesse museu em 1951. Novamente a palavra experimental entra em cena, sem explicação.

Entre seus tutores estavam, segundo Moraes, Roberto Sambonet, Max Bill e Lina Bo Bardi. Ao demonstrar a contribuição de europeus para o design brasileiro, Moraes retoma o nome de Sambonet, dizendo que ele seguia as teorias do Politecnico de Milão.

Novamente o equívoco de considerar Max Bill tutor ou professor do IAC, já comentado acima. E é importante observar também que, no período que passou em São Paulo, Sambonet foi professor de desenho livre. Projetos de marcas, exercícios tridimensionais eram ensinados por Leopold Haar.

Arquiteto formado em Milão, Sambonet manteve atividades de pintor e desenhista enquanto esteve no Brasil. Chegou a desenhar padronagens de tecidos, o que provavelmente fez obedecendo aos ditames industriais – tais como a sujeição ao *rapport*. No entanto, foi ao voltar para a Itália que ele deu início a sua atividade como designer industrial.

Moraes cita o biógrafo de Sambonet, Arturo Quintavalle, que narra o interesse do artista italiano pelo Brasil como país onde as ideias modernas poderiam vingar. Esse era o mesmo pensamento de Bardi, já comentado. Depois de assumir a empresa familiar na Itália e destacar-se como designer em várias áreas – gráfica e de produtos – Sambonet voltou várias vezes ao Brasil, sempre tendo o MASP e os amigos que fizera no Museu como referência[9].

O designer Ari Antonio da Rocha hospedava o designer italiano em suas vindas ao Brasil. *"Visitávamos, então, Flávio Motta, Jacob Ruchti e o casal Bardi e eu pude assistir a muitas das conversas sobre o IAC".* Ele conta que Sambonet e Lina Bo Bardi lembravam sempre das experiências comuns do período do IAC:

> *Era corrente dizermos que eles haviam sido muito bons na época e que haviam piorado depois... De fato, os cursos, depois, tornaram-se experiências mecânicas e não paixões, como era o IAC. Em conversas com Sambonet, percebi que o IAC despertara nele a paixão pelo design. No IAC ele havia se descoberto, tinha se encontrado. E depois daqui ele de fato trilhou o caminho do design. Ele gostava muito do Antonio Maluf...*

---

9   Cheguei a encontrá-lo numa reunião do Museu, por volta de 1989, em que ele incentivava designers brasileiros a afiliar-se ao Icsid (International Council of Societies of Industrial Design).

O texto do Moraes traça um caminho tortuoso para reivindicar referências da cultura brasileira local em nosso design, dado o que ele chama de "nossa modernidade incompleta" e "nosso vazio histórico", no qual a referência ao IAC não ganha corpo como tendo criado ou iniciado um processo daquilo que Andrea Branzi, em texto também citado no artigo, vai reivindicar: a produção de uma modernidade híbrida e estratégica (MORAES, *op. cit.*, p. 97). Apesar de discordar dos termos propostos por Moraes e Branzi, que não cabem ser discutidos aqui e que apontam para uma visão dual do mundo, além de manter teorias eurocêntricas com aparente sinal trocado, acredito que o IAC tenha perpetrado uma visão híbrida, não de modernidade amalgamada a "energias irracionais", mas entre modos de pensar e praticar design, entre as experiências de sabor utópico de algumas escolas e aquelas do mundo comercial.

PIETRO MARIA BARDI E O IAC

Além do olhar de autores contemporâneos, vale observar as mudanças de opinião que o diretor do MASP expressou, sucessivamente, sobre a experiência do IAC nos diversos livros que escreveu ao longo de 30 anos:

No livro *Arts in Brasil*, de 1956, Bardi escreve:

As diversas escolas que eram parte essencial do Museu não foram iniciadas aleatoriamente de acordo com alguma vaga ideia geral; em cada caso uma pesquisa especial foi feita para assegurar que a necessidade de cada escola particular realmente existia. Por exemplo, embora São Paulo seja essencialmente uma cidade industrial, a ideia de uma escola de design industrial não ocorrera a ninguém, nem a necessidade de tal escola fora aventada. O design de objetos comuns, o estilo de vitrines, de tecidos estampados, de layouts tipográficos – de tudo, de fato em que o design pudesse melhorar os produtos industriais eram em 99 sobre cem casos cópias ou travestis ou originais dos Estados Unidos. Em relação a esse estado de coisas, o Museu abriu uma escola de design industrial e lançou várias campanhas de propaganda, mas o empreendimento não foi bem sucedido. Os estudantes mais talentosos, tendo aprendido teoria das cores e elementos de composição e tendo-se familiarizado com grande variedade de exemplos comentados, imediatamente se instalaram como pintores e começaram a produzir pinturas de cavalete, fugindo do o árduo aprendizado de design industrial em favor de uma arte abstrata fácil sem cabeça ou cauda. O espírito que movia a escola foi um imigrante polonês, Leopold Haar. O curso era pre-

cedido de palestras e por uma exposição ilustrando a história da Bauhaus, que ainda permanece como modelo desse tipo. Foi possível, de fato, expor alguns dos produtos do Instituto de Dessau, que foram trazidos a São Paulo por imigrantes judeus na época da perseguição nazi, junto com uma seleção de trabalhos do Expressionismo alemão (BARDI, 1956, p. 130, trad. minha).

Já em 1986, de fracasso a escola se torna um êxito:

A Escola de Design do MASP *permitiu que os arquitetos, fautores da renovação, preciosos ensinadores, reunissem jovens atentos e dispostos a seguir novos caminhos. A tarefa à qual se atribuía mais atualidade era a indicação da mudança notada no construir: o enfeite, herança do culturalismo, andava quase desaparecendo. Isto posto, por que não eliminar o supérfluo na produção de uma máquina de costura, numa tesoura, num canivete, numa luminária? Tudo mudava de forma. O estilo então em voga, o racionalismo que teve o impulso da tríade Wright, Gropius e le Corbusier, andava vencendo, limpando a arquitetura do enfeite, e o design se adaptava pontualmente* (1986, p. 32).

Apesar das participações positivas e indispensáveis à nossa proposta, o que se realizou foi mais que uma escola, devendo-se lembrar como atividade indicada e emprestada para adequar o Brasil à época de mudanças, para superação de pontos estagnados e assim alçar-se na senda do progresso que animasse a vida da futura capital da indústria nacional.

Surgida com novidade, as perplexidades não foram poucas. Voltando olhos para aqueles tempos, pode-se dizer que as tentativas de ensino do design tiveram êxito (Ibid., p. 74 e 78).

Que a situação do design não apresenta contribuições nacionais de singular avanço, isto pode ser discutido, mas se deve ter presente que a primeira iniciativa de um curso de design foi a do MASP *nos anos 50. Quem começa tarde, consegue tarde os resultados. E, para sermos justos, resultados já se obteve* (Ibid., p. 84).

07

DOCUMENTAÇÃO E BIBLIOGRAFIA

ARTIGOS DE JORNAIS

Para a solução dos problemas vitais da arte contemporânea. Iniciativa altamente progressista – criação do Instituto de Arte Contemporânea. Diário de São Paulo, São Paulo, 28.02.1950

No Museu de Arte. Instalação do Instituto de arte contemporânea. Diário de São Paulo, São Paulo, 8.03.1950.

Instalação do Instituto de arte contemporânea: O belo a serviço da industria – fundamentos no desenho. Diário de São Paulo, São Paulo, 8.03.1950.

No Museu de Arte. Instituto de arte Contemporânea. Professores que farão parte da Congregação. Diário da Noite, São Paulo, 22.03.1950.

Debatidos o programa e finalidades do Instituto de Arte Contemporânea. Diário de São Paulo, São Paulo, 22.03.1950.

Instituto de Arte Contemporânea. Diário de São Paulo, São Paulo, 29.03.1950.

Instituto de Arte Contemporânea. Folha da manhã, São Paulo, 13.04.1950.

Finalidades do IAC no Museu de arte. Pretende Colocar os modernos métodos de produção a serviço da arte contemporânea. Diário de São Paulo, São Paulo, 15.06.1950.

Instituto de Arte Contemporânea. Jovens de todos os Estados Reunidos num Movimento Significativo, Diário de São Paulo, São Paulo, 13.02.1951.

Uma escola e um centro de atividades artísticas. Inicia-se amanhã o funcionamento do Instituto de Arte Contemporânea. Diário de S. Paulo, 28.02.1951.

Inicia-se amanhã o funcionamento do Instituto de Arte Contemporânea. Arquitetos, pintores, artistas, técnicos, sob a orientação do Museu de arte, lançam uma iniciativa destinada a produzir cultura e arte. Diário de S. Paulo, São Paulo, 28.02.1951.

O I.A.C. do Museu de Arte de São Paulo. Diário de São Paulo, São Paulo, 02.03.1951.

ARTIGOS DE PUBLICAÇÕES CIENTÍFICAS

CHYPRIADES, Heloisa Dallari. *Os primeiros cartazes geométricos brasileiros*. In. Revista Pós nº 6, dezembro de 1996.

D'HORTA, Vera. *Discordâncias cordiais: a correspondência entre Kandinsky e Segall (1922-1939)*. In: revista de História da Arte e arqueologia. Campinas: Unicamp, volume 1, 1994, p. 210 a 225.

FERNÁNDEZ, Silvia. *The Origins of Design Education in Latin America:From the hfg in Ulm to Globalization*. Design Issues: Volume 22, Number 1 Winter 2006.

KATINSKY, Roberto Julio. *As cinco raízes formais do desenho industrial*. In, Arcos: design, cultura material e visualidade. Rio de Janeiro: Programa de Pós-graduação em Design, Escola Superior de Desenho Industrial, Contra Capa, volume 2, único, out. de 1999, p. 16 a 43.

LIMA, Guilherme Cunha. *Pioneers of Brazilian Modern Design*. Desire, designum, design. 4th European Academy of Design, Conference Proceedings 10-12 April 2001, Universidade de Aveiro. p. 137.

MORAES, Dijon. The local-Global Relation: *The new challenges and design opportunities. Brazil as a local case*. Desire, designum, design. 4th European Academy of Design, Conference Proceedings 10-12 April 2001 Universidade de Aveiro, p. 92.

ARTIGOS DE REVISTAS

BARDI, P. M. *Masp ano 30, Arte Vogue*, novembro de 1977.

CARRANZA, Edite Galote R; CARRANZA, Ricardo. *Roberto José Goulart Tibau. Arquitetura e Urbanismo*. São Paulo, v.17, n.103, p.89-95, ago./set, 2002.

LEON, Ethel. Design e artesanato: relações delicadas. D'ART. São Paulo, n. 12, 2005.

Revista *Habitat*. São Paulo, 1950-1954: nos. 1 a 14.

CATÁLOGOS

Centro de Lazer SESC - Fábrica Pompéia; Museu de Arte São Paulo Assis Chateaubriand. (São Paulo, SP). *O Design no Brasil História e Realidade*: catálogo. São Paulo, 1982. Catálogo de exposição.

Crowley, David e Pavitt, Jane (orgs.) *Cold War Modern Design 1945-1970*. Londres: V&A, 2008.

LIVROS, DISSERTAÇÕES E TESES

ACAYABA, Marlene. *Branco & Preto. Uma história de design brasileiro nos anos 50*. São Paulo: Instituto Lina Bo e P.M. Bardi, 1994.

ALMEIDA, Paulo Mendes de. *De Anita ao museu*. São Paulo: Editora Perspectiva, 1976.

AMARAL, Aracy A *(coord.)*. *Projeto construtivo brasileiro na arte*. Rio de Janeiro: Museu de Arte Moderna/São Paulo: Pinacoteca do Estado, 1977.

ARGAN, Giulio Carlo. *Progetto e oggetto*. Milano: Edizioni Meduza, 2003.

_____. *Walter Gropius e La Bauhaus*. 2 ed. Torino: Giulio Einaudi, 1988.

ARRUDA, Maria Arminda do Nascimento. *Metrópole e cultura*: *São Paulo no meio século xx*. São Paulo: EDUSC, 2001.

ASHCAR, Renata. *Brasilessência: a cultura do perfume*. São Paulo: Editora BestSeller, 2001.

AUGÉ, Marc. *Pour une anthropologie des mondes contemporains*. Flammarion, 1997.

AZEVEDO, Ricardo Marques de. *Metrópole: abstração*. São Paulo: Perspectiva, 2006.

BANHAM, Reyner. *Teoria e projeto na primeira era da máquina*. 2 ed. São Paulo: Editora Perspectiva, 1979.

BARATA, Mario. *Presença de Assis Chateaubriand na vida brasileira*. São Paulo: Martins, 1970.

BARDI, Pietro Maria. *A Cultura Nacional e a Presença do Masp*. São Paulo: Fiat do Brasil, 1982.

_____. *Excursão ao território do Design*. São Paulo: Banco Sudameris do Brasil, 1986.

_____. *L' experience didactique du Museu de Arte de São Paulo*. Parte Museum v.1, n. 3-4. Dec. 1948.

_____. *Profile of the new brazilian art*. Trad. John Drummond. Rio de Janeiro: Kosmos, 1970.

_____. *Mestres, artífices, oficiais e aprendizes no Brasil*. São Paulo: Sudameris, 1981.

_____. *Sodalício com Assis Chateaubriand*. São Paulo: MASP/SHARP, 1982.

_____. *The Arts in Brazil. A new mMuseum at São Paulo*. Trad. John Drummond. Milan, Italy: Edizioni del Milione, 1956.

_____. *40 anos de MASP*. São Paulo: Crefisul, 1986.

BARROS, Regina Teixeira De; LINHARES, Tisa Helena P. *Antônio Maluf; arte concreta paulista*. São Paulo: Cosac e Naify, 2002.

BO BARDI, Lina. *Tempos de grossura: design no impasse*. São Paulo: Instituto Lina e P.M. Bardi, 1994.

BRITO, Ronaldo. "As ideologias construtivas no ambiente cultural brasileiro". In: *Projeto Construtivo Brasileiro na Arte*, coordenação de Aracy A. Amaral, Rio de Janeiro, Museu de Arte Moderna; São Paulo, Pinatecoteca do Estado, 1977, p. 303.

_____. *Neoconcretismo*. São Paulo: Cosac Naify, 1999.

BURKHARDT, François. *Il pensiero di Enzo Mari* , in *Perché un libro su Enzo Mari*. Milano: Federico Motta Editore, 1997.

CAMARGO, Mônica Junqueira de. *Oswaldo Bratke: uma trajetória de arquitetura moderna*. Dissertação (mestrado). Faculdade de Arquitetura e Urbanismo/Universidade Mackenzie, 1995, professor orientador: Dr. Paulo V. Bruna.

CANCLINI, Néstor García. *Culturas híbridas*. São Paulo: Edusp, 2003.

CARDOSO, Rafael (org.) *O design brasileiro antes do design*. São Paulo: Cosacnaify, 2005.

CAUDURO, João Carlos. *Marcas CM* Cauduro Martino Arquitetos Associados. São Paulo: Imprensa Oficial, 2005.

CAVALCANTI, Pedro e CHAGAS, Carmo. *História da embalagem no Brasil*. São Paulo: ABRE, 2006.

CHAMIE, Emilie. *Rigor e paixão. Poética visual de uma arte gráfica*. São Paulo: Editora Senac São Paulo, 1999.

CLARO, Mauro. *Unilabor: desenho industrial, arte moderna e autogestão operária*. São Paulo: Editora Senac São Paulo, 2004.

DEAN, Warrren. *A industrialização de São Paulo (1880-1945)*. 4 ed. Rio de Janeiro: Editora Bertrand Brasil, 1991.

D'HORTA, Vera. *Preto no branco*. In *A Gravura de Lasar Segall*. São Paulo: Museu Lasar Segall; Brasília: Ministério da Cultura/SPHAN/Fundação Pró-Memória, 1988, p. IX a XVII.

DOURADO, Guilherme Mazza e SEGAWA, Hugo.*Oswaldo Artur Bratke*. São Paulo: ProEditores, 1997.

DROOSTE, Magdalena/BAUHAUS Archiv. *Bauhaus* 1919-1933. Köln, London, Madrid, New York, Paris, Tokio, 2002.

DURAND, José Carlos. *Arte, privilégio e distinção. Artes plásticas, arquitetura e classe dirigente no Brasil 1855-1985*. São Paulo, Editora Perspectiva, 1989.

FERNANDES, Florestan. *Mudanças sociais do Brasil*. São Paulo: DIFEL, 1974.

FERNÁNDEZ, Silvia e BONSIEPE, Gui. *Historia del Diseño en América Latina y el Caribe. Industrialización y comunicación visual para la autonomia*. São Paulo: Blucher, 2008.

FERRAZ, Marcelo Carvalho, Org. *Lina Bo Bardi*. São Paulo: Empresa das Artes, 1993.

FINDELI, Alain. "Moholy-Nagy's design pedagogy in Chicago (1937-1936)". In: *The idea of Design: A design issues reader*. Cambridge, Massachusetts: The MIT Press, 1995, p. 29-55.

FOSTER, Hal. *Design and crime (and other diatribes)*.London/N. York: Verso, 2002, cap. 2.

FRAMPTON, Kenneth. *História crítica da arquitetura moderna*. 3 ed. São Paulo: Martins Fontes, 2003.

FRANCASTEL, Pierre. *Art et technique aux XIX et XX siècles*. Paris: Gallimard, 1996.

FURTADO, Celso. *Formação econômica do Brasil*. São Paulo: Companhia Editora Nacional, 1986.

_____. *Criatividade e dependência na civilização* industrial. São Paulo: Companhia das Letras, 2008.

GORMAN, Carma (org). *The industrial design reader*, New York; Allworth Press, 2003.

GROPIUS, Walter. *Bauhaus: Novarquitetura*. 3 ed. Trad. J. Guinsburg e Ingrid Dormien, revisão Lúcio Gomes. São Paulo: Editora Perspectiva, 1977.

GUIDOT, Raymond, *Histoire du design* 1940-2000, Paris: Hazan, 2000.

HALÉN, Widar, *Christopher Dresser*, Phaidon, 1990.

HERF, Jeffrey. *O modernismo reacionário*. Trad. Cláudio f. da S. Ramos; revisão Marcelo Cippola e Equipe Ensaio. Campinas: Editora da Universidade Estadual de Campinas – Unicamp, 1993.

HESKETT, John. *Desenho industrial*. Trad. Fábio Fernandes. Rio de Janeiro: Editora Universidade de Brasília/José Olympio Editora, 1997.

HOCHMAN, Elaine S. La Bauhaus. *Crisol de la modernidad*.Barcelona, Buenos Aires, México: Paidós, 2002.

KATINSKY, Julio Roberto. "Desenho Industrial e artesanato." In LEON, Ethel. *Design brasileiro quem fez quem faz*. Rio de Janeiro: Senac Rio/ V Mosley, 2005.

_____. "O concretismo e o desenho industrial". In: *Projeto Construtivo Brasileiro na Arte*, coordenação de Aracy A. Amaral, Rio de Janeiro, Museu de Arte Moderna; São Paulo, Pinacoteca do Estado, 1977, p. 329.

LE CORBUSIER. *Artes decorativas*. Trad. Maria Ermantina Galvão G. Pereira. São Paulo: Martins Fontes, 1998.

LEON, Ethel. *Design brasileiro, quem fez, quem faz*. Rio de Janeiro: Senac /V. Mosley, 2005.

_____. *Memórias do Design Brasileiro*. São Paulo: Senac, 2009.

LIMA, Maurício Nogueira. *Maurício Nogueira Lima*. São Paulo: Edusp, 1995.

LYONS, Harry, *Dresser: People's designer, 1834–1904*, New Century, 1999.

LOURENÇO, Maria Cecília França. *Operários da modernidade*. São Paulo: Hucitec/ EDUSP, 1995.

MEGGS, Philip B. "The rise and fall of design at a great corporation". In HELLER, Steven e BALANCE, Georgette (orgs). *Graphic design history*. Editores. New York: Allworth Press, 2001, ps 283-292.

PARRY, Linda (org.) *William Morris*. Londres: Harry N.Abrams, Inc., Publishers,1996.

MARCUS, George H. *Functionalist design an ongoing history*. Munique e Nova York: Prestel-Verlag, 1995

MARGOLIN, Victor. The *struggle for utopia*. Chicago/London: Univ. of Chicago Press, 1997.

MARI, Enzo. *Dov'è l'artigiano*. Milano: Electa Firenze, 1981.

_____. *Progetto e passione*. Torino: Bollati Boringhieri editore, 2001.

MELLO, João Manuel Cardoso de; NOVAIS, Fernando A. "Capitalismo tardio e sociedade moderna". In. *História da Vida no Brasil: contraste da intimidade contemporânea*. Coordenador-geral da coleção Fernando A. Novais; organizadora do volume Lilia Moritz Schwarcz. São Paulo: Companhia das Letras, 1998.

MOHOLY-NAGY, L. *La nueva visión y reseña de un artista*. 4 ed. Trad. Brenda L. Kenny. Ediciones Infinito. Buenos Aires, 1997.

_____. *Vision in motion*.Chicago: Paul Theobald,1947.

MORAIS, Fernando. *Chatô, o rei do Brasil: A vida de Assis Chateaubriand, um dos brasileiros mais poderosos do século XX*. São Paulo: Companhia das Letras, 1994.

MORRIS, William. *Architettura e socialismo. Sette saggi a cura di Mario Manieri-Elia*. Bari: Laterza, 1963.

NIEMEYER, Lucy. *Design no Brasil. Origens e instalação*. Rio de Janeiro: 2AB, 1997.

PAIM, Gilberto. *A beleza sob suspeita*. Rio de Janeiro: Jorge Zahar Editor, 2000.

PAPANEK, Victor. *Arquitetura e design: ecologia e ética*. Lisboa: Edições 70, 1995.

_____. *Design for the Real World: Human Ecology and Social Change*, New York, Pantheon Books, 1971.

PASCA, Vanni e PIETRONI, Lucia. *Cristopher Dresser il primo industrial designer*. Milão: Lupetti. 2001.

PEIXOTO, Fernanda Arêas. *Diálogos brasileiros: uma análise da obra de Roger Bastide*. São Paulo: Edusp/FAPESP, 2000.

PENEDO, Alexandre. *Móveis artísticos Z (1948-1961). O moderno autodidata e seus recortes sinuosos*. Universidade de São Paulo, FAU/São Carlos, dissertação (mestrado), professor orientador Renato Luiz Sobral Anelli, novembro de 2001.

PEREIRA DE SOUZA, Pedro Luiz. *Notas para uma história do design*. Rio de Janeiro: 2AB, 1998.

PEVSNER, Nikolaus. *Os Pioneiros do desenho moderno*. 2 ed. Trad. João Paulo Monteiro; revisão Monica Stahel. São Paulo: Martins Fontes, 1980.

_____. *Origens da arquitetura moderna e do design*. 3 ed. São Paulo: Martins Fontes, 2001.

_____. *Academias de arte*. São Paulo: Companhia das Letras, 2005.

RISÉRIO, Antonio. *Avant-Garde na Bahia*. São Paulo: Instituto Lina Bo e P.M. Bardi,1995.

SANTI, Maria Angélica. *Contribuições aos estudos sobre as origens da produção seriada do mobiliário no Brasil – a experiência: Móveis Cimo S/A*. Universidade de São Paulo, FAU, dissertação (mestrado), professor orientador Gabriel Bolaffi, 10/3/2000.

SANTOS, Maria Cecilia Loschiavo dos. *Tradição e modernidade no móvel brasileiro. Visões da utopia na obra de Carrera, Tenreiro, Zanine e Sérgio Rodrigues*. Universidade de São Paulo, FFLCH, dissertação (doutorado), professor orientador Otília Beatriz Fiori Arantes. São Paulo, 1993.

SCHNEIDER, Beat. *Design uma introdução*. São Paulo: Blucher, 2010.

SCOTT BROWN, Denise; VENTURI, Robert; IZENOUR Steven. *Aprendendo com Las Vegas*. São Paulo: Cosac Naify, 2003.

SEMPRÚN, Jorge. *Veinte anos y un dia*. Barcelona. Tusquets. 2003.

SPARKE, Penny. *An introduction to design & culture in the twentieth century*. Oxon: Routledge, 1992.

TENTORI, Francesco. *P.M. Bardi, 2000*. São Paulo: Instituto Lina Bo e Pietro Maria Bardi, 2000.

TOTA, Antonio Pedro. *O imperialismo sedutor*. São Paulo: Cia. das Letras, 2000.

VAN DE VELDE, Henry. *Formules d'une esthétique moderne*. Bruxelas: L'Equerre, 1923.

VILLAS-BOAS, André. *Identidade e cultura*. Rio de Janeiro: 2AB, 2002.

WHITFORD, Frank. Le *Bauhaus*. 2 ed. Paris: Editions Thames and Hudson,1989.

WHITEWAY, Michael (org.) *Christopher Dresser: A Design Revolution*, V&A Publications, 2004.

WICK, Rainer, *Pedagogia da Bauhaus*. Trad. João Azenha Jr.; ver. Glória Paschoal de Camargo. São Paulo: Martins Fontes, 1989.

WINGLER, Hans Maria, *La Bauhaus: Weimar, Dessau, Berlin 1919-1933*, Barcelona: Gustavo Gill,1962.

WOLLNER, Alexandre. *Design visual 50 anos*. São Paulo: Cosac & Naify, 2003.

ZANINI, Walter. *História geral da arte no Brasil*, vol 2. São Paulo: Inst. Walter Moreira Salles, 1983.

MEIO ELETRÔNICO

BASTIDIANA - Centre d'Etudes Bastidiennes. Disponível em: http://www.unicaen.fr/mrsh/lasar/bastidiana/ARTICLE.html. Acesso em 17.10.2005.

BLUM, Betty. Oral History of Serge Chermayeff. Disponível em: http://www.artic.edu/aic/libraries/caohp/chermayeff.html. Acesso em: 02.05.2006.

El poder de la palabra. Disponível em: http://www.epdlp.com/literatura.php. Acesso em 25.10.2006

Universidade Iberoamericana. Disponível em: http://www.uia.mx/. Acesso em 24.10.2005.

ROSSETTI, Eduardo Pierrotti. Tensão moderno/popular em Lina bo Bardi: nexos de arquitetura. Disponível em: http://www.vitruvius.com.br/arquitextos/arq000/esp165.asp. Acesso em 20.10.2005.

ENTREVISTAS REALIZADAS

Alexandre Wollner, concedida em 23 de junho de 2004.

Ari Antonio da Rocha, concedida em 19 de janeiro de 2006.

Attilio Baschera, concedida em 7 de junho de 2006.

Charles Bosworth, concedida em janeiro de 1990

Estella Aronis, concedida em 10 de janeiro de 2005

Flavio Motta, concedida em 7 de outubro de 2005

Júlio Katinsky, concedida em 15 de setembro de 2005

Irene Ivanovsky Ruchti, concedida em 25 de outubro de 2005

Ludovico Martino, concedida em 06 de janeiro de 2005

Luiz Hossaka, concedida em 12 de janeiro de 2006

Pietro Maria Bardi, concedida em janeiro de 1990

ARQUIVOS CONSULTADOS

Museu de Arte de São Paulo

Instituto P.M. Bardi e Lina Bo Bardi

Arquivo pessoal de Irene Ruchti.